JN320986

愛しのはんかくさい人物語

はじめに　4

阿部　眞久　10　シニアソムリエ

大島　庸司　34　ラーメン屋

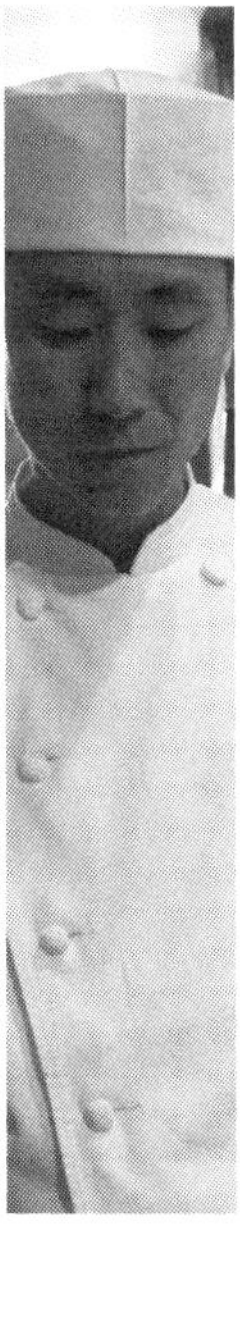

村林　秀尚　54　犬ぞりマッシャー／カヌービルダー

青田　正徳　80　絵本屋

本田　直也　106　飼育員（爬虫類・両生類担当）

佐佐木絵里沙　128　バルーンアーティスト

草場　鉄周　152　家庭医

樋口 泰三 180 靴職人

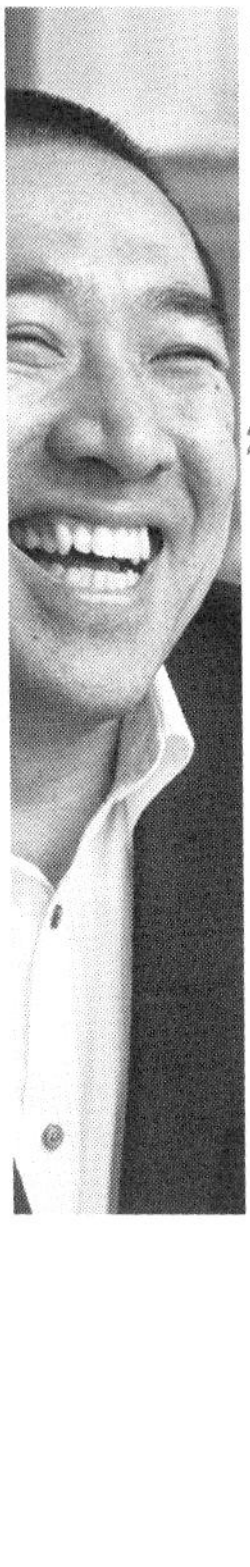

塩谷 隆治 204 絵本セラピスト

徳永 善也 222 米屋

おわりに 246

はじめに

はんかくさいとは、北海道や東北の方言で「ばからしい」「あほらしい」という意味のことばだ。「そったら、はんかくさいことして」などと大人が子どもを叱りつけるときに使う。

よそもの（道外出身）の僕は初めて聞いたとき、その言葉には突き放すというよりも、放っておけない、見守りたい、見届けたいという愛情のニュアンスが含まれているように感じた。

はんかくさい。

多くは子どもに対して使われる言葉ではあるが、世の中には、はんかくさいと言いたくなるような大人たちもいる。

たとえ儲からなくても、「好き」をとことん突き詰め、仕事にする人。常識はずれと周りから言われても、自分の信念に従って道を切り拓く人。

はんかくさい人には、どこか人を惹きつけるものがある。

この本は北海道に軸足を置く10人のはんかくさい人の「物語」を集めた。

好きなことをやるのは、好き勝手やるのとは違う。

彼らはそれぞれが信じる歩き方で、ときにつまずき、ときに足もとをすくわれ、ときに追い風を受け、ときには誰かと二人三脚で、一歩ずつ、一歩ずつ、歩みを進めてきた。

不器用なまでに理想を追い求める姿を「青くさい」という人もいるかもしれない。けれどもムッとむせ返るような夏の青草のにおいほど、生命力漲るものはない。

ふり返れば決して美しいとばかりはいえない彼らの足跡を、いまここで描き出すことは、きっと誰かの背中を押すことに繋がるだろう。

はんかくさい人たちの声に耳を傾けることを通して、働くこと、生きることを見つめ直したい。

写真／宮下正寛

愛しのはんかくさい人物語

阿部眞久

Abe Masahisa

10

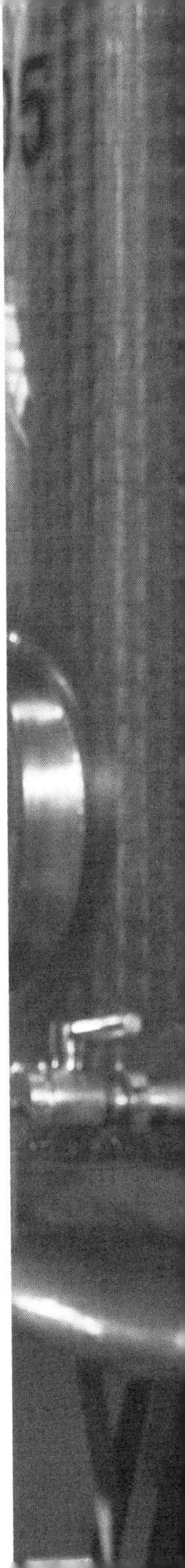

食とワインと観光のマリアージュ

1本のワインの栓を開けたとき、彼の人生は大きく変わった。
変わったというよりも、進む道が見えたというべきだろう。
当時まだ見向きもされていなかった道産ワインの可能性を信じ
北海道へ渡り、道産ワインの語り部となることを決意した。
北海道のワインを日本、そして世界へ。
シニアソムリエの挑戦は、まだ始まったばかり。

阿部眞久　Abe Masahisa

NPO法人ワインクラスター北海道　代表

1974年宮城県仙台市生まれ。97年に日本ソムリエ協会の認定するソムリエ資格を受験年齢最年少で取得。00年北海道ワイン株式会社に就職。05年シニアソムリエ取得。同年北海道フードマイスター取得。06年北海道らしい食づくり名人（北海道庁）認定。12年3月MBA（経営学修士）学位取得。09年～13年「北海道ワインツーリズム」推進協議会事務局長。13年NPO法人ワインクラスター北海道設立。http://winecluster.org/

マニアと呼ばれた少年時代

とにかく厳格な家庭で育ちました。テレビは観るな。本を読め。勉強しろ。食べものの味付けにもうるさく、化学調味料を使ったものは一切食卓に出ないし、醤油も一滴までと決まっていました。買い食いも当然、禁止。友だちが買い食いをするでしょ。見ていて、ただもう羨ましかった。だからでしょうね。食べものに興味というか、執着するようになったのは。

テレビを観ちゃいけないから本を読むしかない。食に関するものは貪り読みました。食材図鑑とか、フランス料理に関する本とか。『美味しんぼ』もかなり読みました。マンガは許してもらえたんですね。

学校の図書館に漢方薬に関する本があって、口に入れるものだからということで興味が湧きました。漢方の材料なんてそこらへんに生えているわけですよ。オオバとか、ヨモギとか。あるときマムシを捕まえると2万円もらえるという噂を聞いて、噛まれたときは柿渋がいいとか、抗毒血清はどうやって作ればいいとか、本で読んで研究しました。そんなことだから、周りの友だちからは〝マニア〟なんて呼ばれていましたね。

だからといって教室の隅っこにいるようなタイプだったわけじゃありません。自分が好きになって興味を持った以上、その分野に関しては誰に何を聞かれても答えられるようになりたかったんです。答えられなければ恥ずかしいと思っていた。それは今も変わらないかな。そういう部分は、少なからず研究者である父親の影響もあったのかもしれません。

時刻表も好きでした。今みたいにスマホで簡単に調べられる時代じゃないから、分厚い時刻表を開いて乗り継ぎの列車をたどって。西村京太郎の世界です。両親の実家が札幌だったので、自分が住んでいる仙台から札幌まで、どの列車を乗り継いだらたどり着けるのかをシミュレーションして遊びました。

時刻表には駅弁の情報も載っていました。これも、マニア心をくすぐりました。北海道は特に駅弁の種類が豊富だから興味が尽きない。森のいかめし、長万部のかにめし……。どこの駅に行ったら何が食べられるのかを、値段まで丸暗記していました。

小学校5年生のときに仙台から札幌まで一人旅をしました。仙台から盛岡は新幹線、そこから青森までは特急「はつかり」、青函連絡船で函館に行き、函館からは特急「北斗」で札幌へ。いま考えればたいした行程でもありませんが、小学校5年生の自分にとっては冒険でしたね。携帯電話もない時代ですから。

北海道への憧れと、時刻表マニアと、駅弁オタクの願いが叶った旅でした。

奥深きワインの世界の入口に立つ

高校は進学校に通いましたが、食に対する興味がすごくあったし、一刻も早く親元を離れて暮らしたい気持ちが強かったので、大学には進学せず就職することにしました。たまたま見つけたのが蔵王にあるリゾートホテル。食に関係した仕事で、親元からも離れて暮らせるからちょうどいいなと思ったんです。

就職して3カ月ぐらいはフロント業務から施設管理、ブライダル営業まで、いろいろ研修させてもらって、最終的に料飲部門に落ちつきました。要するにレストランのウエイターです。1992年ですから、ちょうどバブルが終わる頃ですね。いまほどワインを飲むお客さんは多くなく、飲むのは本物のお金持ちぐらい。敷居の高い世界でした。ワインを頼むお客さんが来ると先輩たちもびびっていたものです。ワインに関してはお客さんの方がよっぽど詳しいし、なによりコルク栓の抜き方すらわからない。赤ワインだろうがなんだろうが、とりあえず冷蔵庫に入れておけばいいっていうぐらいのレベルでしたから。まれにイヤミなお客さんもいたりして、こちらの無知をあざ笑う。だから当初はワインに対しては嫌な印象しかありませんでした。

考えが変わったのは1本のワインに出会ってからです。フランスのロワールという地域の白ワインを初めて飲んだら、びっくりするほどおいしかった。それまでワインといえば苦くて渋くてマズい、そんなイメージしかありませんでしたから。そこからですね、ワインにはまっていったのは。

日本ソムリエ協会が認定するソムリエ資格は、飲食サービス業に5年以上携わっている人に受験資格が与えられます。私は18歳から仕事を始めたので23歳で取れる計算になる。それならこれを目指そうと、20歳の頃に決めました。資格にこだわったのには理由がありました。繁忙期になると短期アルバイトの大学生がやってきます。社員である私は同年代の彼らに指示を出す立場です。だけど、大学を出ていない自分が彼らを使うことに、考えすぎかもしれないけど、なにか抵抗感がありました。だからでしょうね。肩書きがほしかった。

ただ勉強しようにも、当時はいまほどワインに関する情報もあふれているわけでもありません。仙台駅の本屋でたまたま見つけた2冊のテキストを、これはいまでも持っていますが、それこそ隅から隅まで読んで覚えました。仕事の間は常に肌身離さず持ち歩いていましたね。お客さんから質問を受けたときにすらすらと答えたかったし、見たことのないラベルを見つけたらすぐに調べたかった。シェフにもいろいろな話を聞いて勉強させてもらいました。

人生を変えた1本のワイン

受験資格最年少の23歳で私がソムリエ資格を取ったちょうどその頃、世の中では空前の赤ワインブームが起きました。赤ワインに含まれるポリフェノールが成人病予防にいいといわれ、赤ワインばかりが飛ぶように売れたんです。ホテルのレストランでも､ワインを飲むのは一部のお客さんに限られていたのに、誰もが急に赤ワインを注文するようになりました。こちらは料理とのマッチングを勉強しているから、料理と相性のよいワインを勧めようとするけれど、お客さんは「いいから赤ワインをくれ」「ポリフェノールたっぷりなのをくれ」という。そんなに赤ワイン、赤ワインと騒いだところでブームが去ればみんな離れるに決まっているのに……。そんなもやもやを抱えていたときに、初めて入った仙台の酒屋で、人生を変えることになるワインに出会います。

私がうろうろワインを探していると、お店のスタッフが案の定、赤ワインを勧めてきました。こちらも赤ワインには飽き飽きしていた頃だから、白ワインのおすすめを尋ねると、最終的に持ってきたのが国産の白ワインでした。いまでこそ国産ワインは価値が認められてワイン業界でも市民権を得ていますが、当時はまだ輸入ワインに比べて格下とみられていました。私もワインのプロという自負があったので、「国産ワインは飲まないんです」なんて生意気なことを言ったんですね。ところがお店の方も、「このメーカーはマジメに作っているし、自信を持って勧めるからとりあえず飲んでみなさい」という。結局、根負けして仕方なく買ったんです。それが、北海道ワインの『セイベル5279』という白ワインでした。

家に帰ってよくよく裏ラベルを見ると、ぶどうの品種名も原産地（畑の場所）もビンテージ（収穫年）もきちんと表示されている。たった1200円なのに。ヨーロッパ系の醸造用ぶどう品種を原料に使い、本格的な表示をしているものがこの価格で売られていることにまず驚きました。栓を開けてさらに驚きました。フレッシュで溌剌とした香りがある。自分もそれまでいろいろ経験していますから、これはいいワインだとその時点でピンと来ました。口に含めば、軽やかな口あたりの中に、北国のワインに特有の爽やかでキレのいい酸味がある。清涼な北海道の風景が目の前にパッと広がっていくようでした。

衝撃でした。私の持っていた固定概念が吹っ飛んだ瞬間でした。世間では赤ワインだ、輸入ワインだと騒いでいるけれど、国産のきちんとしたワインを広めなければ日本にワイン文化は定着しない。そう強く思いました。北海道はヨーロッパ系ぶどう品種を栽培するための気候条件がそろっている。それに加え食べものもおいしい。ワイン産地としての大きな可能性を秘めています。ほかのソムリエが国産ワインを軽視するなら、自分がソムリエという立場で北海道のワインを発信することで何かが変わるかもしれない。それも飲食店ではなくメーカーに身を置き、世の中に価値を説いていくことが自分の役割だ、そんなふうに思ったんです。

その後、いくつかの道産ワインを飲んで北海道のワイン産地としてのポテンシャルを確信した私は、最初に買った北海道ワインの嶌村《しまむら》彰禧《あきよし》社長（現会長）に宛てて手紙を書きました。日本でワインの消費を定着させるためには本物の国産ワインを日本人に普及させることが不可欠であり、最も可能性のある北海道で、御社で働きたい、そんな思いを綴りました。するとすぐに北海道ワインの方から「一度ワイナリーに来てみませんか？」という電話がきたんです。

北海道は子どもの頃からのあこがれの場所でもありました。北海道ワインを見学した私は、その理念にすっかりに惚れ込み、すぐに入社を決意しました。

北海道のワインを初めて飲んだのが1999年の秋。手紙を書いたのが12月。3月には入社を決め、北海道に引っ越しました。私を採用することは、北海道ワインにとっても冒険だったと思います。ワインが造れるわけでもないソムリエなんかを雇って一体何ができるのか。大きな会社ではないので一人を雇うのにも相当な決断が必要だったでしょう。

点ではなく、面で売り込む

北海道ワインでは企画室に配属され、主に広報の仕事を担当しました。カタログの執筆やラベルの制作、ホームページの企画・管理まで、北海道ワインの宣伝マンとしてお客さんが目にしたり、耳にしたりする、そのきっかけとなる部分を手がけました。

自社ワインの売上げ拡大が会社員としての私の使命ではありますが、そこから北海道全体のワインを広めたいという意識が芽生えていったのは首都圏の百貨店での催事がきっかけでした。

私が売り場でソムリエの格好をして立っていると、メーカーの人間とは知らないお客さんから、どんなワインがおいしいのか、どんな料理と合うのか尋ねられました。一会社員としては自社のワインだけを勧めていればよかったんでしょう。だけど、お客さんにとってはメーカーがどこであるかは二の次で、〝北海道〟を求めに来ている。そこで私は「このワインなら会場内で売っているあの料理と合いますよ」とか、「ふらの和牛弁当と一緒に味わうなら、このワインはいかがですか？」といった具合に、マッチング提案をしてみたんです。するとお客さまの反応がすごくいい。こちらも、メーカーにいてはできないソムリエらしい仕事を楽しんでやっていました。

そのうちに、北海道のワインを消費者に広めるためには、点としてではなく、他社や他産業と連携して面で売り込むことが大事だと気づきました。

ワイン単体で売れば興味を持つのはワインファンに限られます。でも、食や観光といった面からもアプローチできる糸口を広げることで〝ワイン産地 北海道〟をより多くの人に知ってもらうチャンスが増える。大きな発見でした。

会社員と学生と事務局長と

ワインについて深く掘り下げるとともに、自分自身の視野を広げるため、2005年にシニアソムリエと北海道フードマイスターの資格を取得しました。

さらにもっと知りたい、もっと自分の世界を広げたいと思い、2006年からは小樽商科大学の夜間主コースに入って経営の勉強を始めました。

経営の勉強を始めたのは、心のどこかに独立の考えもあったんだと、いま振り返れば思います。もちろん惚れ込んで入った会社ですし、会社での仕事にもとてもやりがいを感じていました。けれど、北海道の食とワインをマッチングさせ、ワイン産地として北海道を売り込んでいくという自分の夢を成し遂げるためには、北海道ワインからのスピンオフが必要だと、次第に考えるようになったんです。

2009年には官民連携で「北海道ワインツーリズム」推進協議会が立ち上がります。そこで私は事務局長を任せていただくことになりました。

自社以外のワイナリーをめぐるバスツアーを企画することを通して、北海道のワイナリーや業界団体とのパイプを築けたことは大きかったですね。それでも、会社員と学生、協議会事務局長、さらに家族を守る父親のすべてをこなすことは想像以上にハードでした。

会社では、周囲も大学に通うことをなかなか理解してくれず、肩身の狭い思いをしました。誰にも求められてないのに、成績表と履修計画を毎年会社に提出したりもしました。4年間続けたことで会社側にも意欲が伝わり、大学院に進学するときは組織推薦として正式に背中を押してくれたことは非常にありがたかったですね。

大学院ではマーケティングとベンチャー企業論を専攻し、2012年3月にMBA（経営学修士）の学位を得ました。

ただやはり、一ワイナリーの社員としてワインの普及活動を続けていくことに難しさも感じていました。協議会の方も、メンバーがボランティア的に組織運営していくことの限界が見え始めていました。それで協議会を一度解体してＮＰＯを立ち上げ、協議会の機能をそちらで引き継ぐことにしたんです。協議会理事の了承も取り付けました。協議会のみんなは「よくぞ火中の栗を拾ってくれた」と言っていましたけど……。

道産ワインの歩みとともに

２０１３年1月30日にＮＰＯ法人の認証を受け、2月7日にＮＰＯ法人ワインクラスター北海道を設立。3月31日に13年間勤めた北海道ワイン株式会社を退職しました。

ＮＰＯ法人ワインクラスター北海道では、ワインツーリズムの企画・運営やワイン会の主催、道産ワインイベントへの協力、道産ワインに関するセミナー・

講演会、道産ワインと食のマッチング提案といったコンサルティングサービスを行っています。ワイナリーだけではなく、チーズ生産者や農漁業者、小売店、飲食宿泊業、行政機関、教育機関、研究機関ともネットワークを構築して、お互いに連携しながら啓蒙活動を行うことで、ワインをきっかけとした地域活性化や、世界から一目置かれるような〝北海道らしい食文化〟の創造をめざしています。

道産ワインはここ10年で大きく注目されるようになりました。仙台の酒屋で私が1本の道産ワインに出会った頃に比べれば隔世の感があります。若手のソムリエやシェフだけではなく、これまで見向きもしなかったフレンチの老舗まで、最近では多くの人が道産ワインに熱い視線を注いでいます。

道内には現在およそ20軒のワイナリーがありますが、栽培・醸造技術の向上とともに道産ワインはこれからますます加速度的に評価を上げていくでしょう。この先に待ち受ける関税をめぐる社会情勢に翻弄されないためにも、道産ワインはもっと付加価値を高めていかなければいけません。そのためのキーワードはやはり、「食」と「観光」だと思います。北国の個性を持つ質の高い道産ワインと、チーズやエゾシカ、新鮮な魚介類といった、ほかにはない北海道の魅力的な食とをいかに結びつけ、その価値を提供できるか。

フランスには1000年のワインの歴史があります。積み重ねたものの大きさは測り知れません。北海道のワインの歴史は浅く、これから築いていく段階ですが、その可能性は大きいと信じています。

私は、まだまだ国産ワインにとって風当たりの強い時代に北海道に来ました。国産ワイン、道産ワインが力を付け、評価を上げていった時期にはメーカーの人間としてその下支えとなるよう努めました。道産ワインの価値が認められ新しいフェーズに来たこの時期に、道産ワイン全体を応援するためのNPOを立ち上げました。ふり返れば、またとないタイミングと多くの人との出会いに恵まれ、ここまできました。これをやりたいと願うときに、必ずチャンスがめぐってきた。そんな気がします。これからも、ワインと食と北海道という軸をぶらさずに、さまざまなことにチャレンジしていきたい。そんなふうに思います。

阿部眞久のココがはんかくさい

26歳のとき、1本のワインに導かれ北海道に移住した。13年後、北海道のワイン業界全体の発展を願い、会社を辞めた。その選択に周囲はいつも驚かされてきたことだろう。

阿部さんは努力の人だ。資格への挑戦、働きながらの通学、組織からの独立。たえず自らに乗り越えるべき壁を課し、真っ正面からぶつかってきた。その強いモチベーションの源流のひとつをたどれば、反骨精神に行き着く。厳格な父、高慢チキなレストラン客、評価の定まらないものを除外する保守的な業界……。流されるでも、身を任せるでもなく、努力で立ち向かってきた。

13年間勤めた北海道ワイン株式会社を辞め、独立独歩の道を選んだ阿部さん。不惑を迎えた努め人は、新たなフィールドを歩む。

阿部眞久　Abe Masahisa　**32**

北海道を世界指折りのワイン産地に

大島庸司

Ooshima Youji

34

身近な人の頑張りを
応援したい

北海道を代表する食文化「ラーメン」。
けれども原材料に北海道産が使われることは多いとはいえない。
道産食材を使えばコストとして跳ね返ってくるからだ。
多くの人は言うだろう。「ラーメンに地産地消は求めない」と。
しかし、あえてそれに挑むラーメン職人がいる。
道産食材使用率9割。その一杯にかける想いとは。

大島庸司　Ooshima Youji

ラーメン札幌一粒庵　店主

1964年東京都杉並区生まれ。87年東海大学海洋学部水産学科卒業後、東京ガスケミカル株式会社に就職し、商品開発の仕事で全国各地をめぐる。95年北海道に移住、オホーツクビール株式会社入社。00年より小樽運河食堂のプロジェクトに参加。札幌駅前「ばりきや」、小樽運河食堂内のラーメンテーマパーク「ラーメン工房」の立ち上げに携わる。03年1月独立。04年1月より「ラーメン札幌一粒庵」の屋号で営業を始める。07年6月現店舗に移転。http://ichiryuan.com/

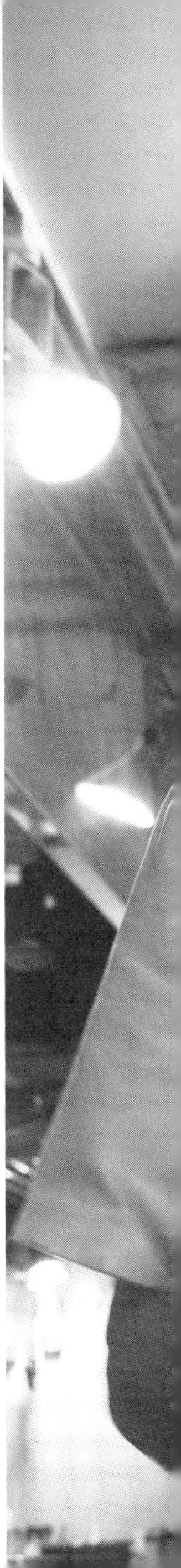

北海道に魅せられて

生まれは東京の杉並区です。音楽家である父の仕事の関係で2歳から5年間、西ドイツで暮らしました。6歳のときに父が亡くなり日本に帰国した後は、栄養士の資格を持つ母がパンケーキ店の店長なんかをしながら家族を養いました。その後、母は私が高校生のときに独立し、六本木でドイツ料理店を開業します。そういう影響もあったんでしょうね。私も食べものに興味を持つようになり、中でも魚が好きで、「うまい魚がたらふく食えるんじゃないか」という下心もあって、東海大相模高校から東海大学の海洋学部に進学しました。

大学は水産学科で、水生生物の保護育成と食について学びました。遠洋漁船に乗って南極までクジラを捕りに行ったこともあります。グリーンピースとの軋轢や、理論闘争も経験しました。いろいろなことを経る中で、食についても深く考えることになりました。

大学を卒業した後は東京ガスの子会社である東京ガスケミカルに就職します。食とは一見繋がりがなさそうですが、東京ガスケミカルでは当時からＬＮＧ（液化天然ガス）に取り組んでいて、その関連で冷熱エネルギーを活用した超低温倉庫を持っていました。マグロをマイナス60℃で保存できる倉庫で、２年経っても脂が酸化せず、市場価値が下がらないというスグレモノなんです。

私の仕事は、その超低温倉庫を使った冷凍水産物の商品開発でした。東南アジアでエビの養殖事業に携わったり、全国津々浦々に足を運んでその土地のすぐれた海産物を買い付けたり。釧路、函館、気仙沼、銚子、焼津、下関、博多……日本中の港をほぼくまなく見て回りました。そういう中で北海道の生産物は際立って魅力的でした。魚はもちろん、野菜もものすごくレベルが高い。生涯にわたり食の仕事に携わっていくとしたら北海道に住むしかないだろうなぁ、と思うようになりました。

東京ガスケミカル時代はバブル絶頂期で、私自身も羽振りが良くて、よく妻と食べ歩きをしたものです。一流の魚を知らなければ市場の人間と対等に話ができない、なんて勝手な理由をつけて。いい時代でしたね。

でもバブルが崩壊し、東京ガスとしてもあまり新規事業にばかり力を入れていては世間体が悪いということになり、事業そのものが縮小されてしまいます。私も新規事業部から異動してしばらくはガスを売っていたんですが、まぁ、ガスを売るために就職したわけではないので、会社を辞めて憧れだった北海道に移住することにしました。

消費者に近づきたい

移住したのは1995年、31歳のときです。子どもも小さく、まだ歩くのもやっとの頃でした。

転職先は北見のオホーツクビールという地ビール会社です。ちょうど前年に酒税法が改正され、全国各地で一斉に地ビールの工場ができていた頃でした。ビール麦の産地でビールをつくる、私はそこに魅力を感じました。

三つ子の魂百までといいますが、幼少時代を過ごした西ドイツの原風景に北海道の田園風景が重なったんですね。それも大きかったと思います。

オホーツクビールで5年間ビールづくりに携わり、その後、札幌にあった飲食ビジネスのプロデュース会社に転職しました。

そこでは小樽運河の石蔵倉庫を活用した大型飲食店のプロジェクトを行っていて、その中にラーメンのテーマパークをつくるということで、私もその立ち上げに関わることになりました。

テーマパークを開設するにあたり会社としてもラーメン店のノウハウを蓄積する必要がありました。そこで〝総務課長〟の私がラーメン修業に行くことになります。修業先は博多一風堂。与えられた時間はたったの1カ月です。短期間で味づくりや店づくりを覚えてこなくちゃいけない。めちゃめちゃ厳しくて、毎日必死になって仕事を覚えました。

結局、小樽運河のプロジェクトには丸2年間携わりました。

東京ガスケミカルからオホーツクビールを経て小樽運河倉庫の事業を経験する中で、北海道や食に対する思いはどんどん強化されていきました。

企業の論理ではなく、自分が理想とするものをお客さまに提供したい。自分で店を構えて、厨房に立って調理し、料理を直接手渡す、そこまで消費者に近づかなければベストなものをお出しすることはできない。自分が納得できる商売をするためには独立しかない。そういう結論にいたり、2003年1月に会社を立ち上げます。

当初は別の屋号でスタートし、2004年から「一粒庵」の看板を掲げました。

元祖さっぽろラーメン横丁の店で、カウンターだけ、わずか7席のテナントです。

当初は苦労しましたよ。店の扉に小さな覗き窓があるんですが、暇なときはそこから外の通りをずっと眺めてね。入ってこないかな、入ってこないかなって祈るように待っていました。こちらがいくら仕込みをして、いいものを出す準備ができていても、店に入ってもらわない限り、それを食べてもらうことはできない。待ちの商売なんです。もうね。ノイローゼになりそうでしたよ。

それでも、そこはラーメン横丁。一番厳しいときでも1日の売上げが20杯を下回ることはありませんでした。ただ、家賃が高いですから、売上げは損益分岐点をずっと割り込んでいましたね。売上げが立たない日は、意地になって店を開けたままにしてね。朝の4時とか、5時とかまで粘りました。店が軌道に乗るのに2年、3年かかったかな。

そのうちじわじわとお客さまが増えて、たびた

びメディアでも取り上げてもらうようになり、気がつけばラーメン横丁17軒のうちで一番の行列ができるまでになりました。横丁の狭い露地に30人ぐらいの列ができて、真冬の夜に2時間待ってもらうこともありました。

ところが、あるとき私自身がぎっくり腰になって立ち上がることができなくなったことがありました。調べてみると、立ち仕事に原因があるわけではなく、生活リズム自体に問題があることに気づいたんです。

人間は生きものである限り、お日さまの周期には抗えません。日が昇って目が覚めて活動を始め、日が沈んだら体を休めて眠りに就く。体内時計を意のままに操るなんて所詮無理な話なんです。休むべき時間に内蔵、特に腸を休めないと、体が不調をきたします。つまり、夜中にものを食べるのは絶対に体によくないことなんです。慣れることも、鍛えることもできません。

そうであるとすれば、自分のいまの仕事はどうなんだろう。どんなに質の高い食材を選んで、どんなに長い時間を掛けて仕込み、美味を追求したとしても、それを食べていただく時間が変わるだけで毒になってしまう。自分は医食同源を信念としてきました。ところが意図せず逆のことをしていた。毒を食わせて自分が生き延びるというのは、いかがなものかと思うにいたったんです。

商売としては当たりなんですよ。飲んだ後のラーメンはおいしいし、お客さまにも喜んでいただける。ニーズのあるところに需要のあるものをお出しする。商売の鉄則以外の何物でもありません。

だけど、信念から逸れてまでやるべきことには思えなかった。それで、移転を決めました。２００７年６月のことです。

豊穣の大地を次世代に繋ぐために

現在のお店は、札幌駅のほど近く、ビジネス街の中にあります。昼は近隣のサラリーマンを中心に、夜は観光の方が多いかな。席数は横丁時代の倍で14席ですね。平日で１日２００食ぐらいですから、これも横丁にいた頃のちょうど倍ぐらいでしょうか。

スタンスとしては横丁時代から変わってはいません。

「素材に優る調理はない」をモットーに、麺に使う小麦粉も、スープを取るためのトンコツや昆布も、タレに使う味噌や塩、チャーシューの豚肉も、サイドメニューのご飯も、徹底的に吟味した北海道産素材を使用しています。

道産食材の多くは外国産原料に比べて格段に値が張ります。ラーメンである以上、コース料理のような料金を取るわけにはいきません。コストの問題をいかにクリアするか。品質面ではどうなのか。道産素材を使わないための理由はあふれかえっていて、諦めるための言い訳には事欠きません。それでも、何年も掛けて壁を一つひとつクリアしてきました。

たとえば麺。一粒庵の看板を掲げた当時は、道産小麦だけではまだコシが足りなくて、3割は輸入小麦をブレンドして麺をつくってもらっていました。その後、次々と新しい小麦品種が開発され、ラーメンの麺にあった小麦が世の中に出てきました。２００７年かな、ちょうどこちらの店に移ったときぐらいに道産小麦１００％でも満足のいく麺ができるようになったんです。当時はホクシンという品種と、キタノカオリという品種の小麦粉をブレンドしていました。その後も新しい品種が出てきて、現在は、きたほなみとキタノカオリ、さらにはゆめちからという新品種も取り入れています。

そんなふうに小麦の育種開発をはじめ世の中の状況も私の背中を押してくれました。私自身も麺を理想に近づけるために製麺機を買い、使用する麺のほとんどを自分で打つようになりました。

そうしたことを一つひとつ積み上げていった結果、香辛料やごま油、オリーブオイルなど一部の食材、調味料を除いて、現在はカロリーベースで90％以上は北海道産を使用しています。

ただ、これ以上パーセンテージを上げるのはあまり意味がないことだと思っています。たとえば仮に北海道でオリーブオイルができたとして、それがとても高価で、使った結果ラーメンが高級料理になってしまうのだとしたら、そんなの馬鹿げた話だし、お客さまを愚弄することだと思います。競争力のない食材を使って無理に無理を重ねてまで、道産に凝り固まる必要はない。そこまでいくと単なるつくり手のエゴですよね。適材適所の結果がいまの90%なんです。

私の事業の目的は、北海道産の農水産物を使うことで、生産者の支えになり、消費者の食べる喜びに繋げることです。それを果たすために会社を辞めて、独立をしたといってもいい。だから道産品を使うことをやめません。諦めません。

身近な人のがんばりを、身近な人が支えなかったら、一体誰が支えるというのでしょうか。そういうのって理屈じゃないですよね。

北海道は食料自給率が200%前後といわれています。日本にとっての宝だと思うし、地球の宝、人類の宝だと思います。

でもそれは、大地を耕す人がいてはじめて成り立つのであって、耕すのをやめてしまえばただの原野。宝ではなくなってしまいます。

北海道のおいしい食べものを、子どもにも、孫にも、その先の子孫にも繋いでいきたい。そのために私にできることは、北海道の農水産物をたくさん使っておいしいものをお出しし、目の前のお客さまに喜んでもらうこと。生産者と消費者の橋渡し役になること。みんな大好き「ラーメン」には夢があり、その力があると私は信じています。

ジレンマもあります。

北海道の宝を次世代に残していくために、もっとビジネスとして成功して店の規模を拡大し、多くの人に感動を与えていきたいという気持ちもあります。臆面なくいえば、一粒庵を〝家業〟ではなく〝事業〟に、さらには〝産業〟にしていきたい。めざしているのは産業創出です。

だけど、理想の職人像と商業ビジネスの発想とは相容れない部分もあります。厨房に立ち職人としての高みを追究する道もあるし、ラーメンを基盤としたビジネスモデルを打ち立てて多くの社員を養う道もある。どちらも捨てきれません。なかなかうまくはいかないものです。増えるのは借金ばかりですよ。

元気のでるみそラーメン

当店の看板メニューが「元気のでるみそラーメン」です。元気が出る秘密は具材のギョウジャニンニクにあります。北海道の山菜の王様といわれ、素晴らしい薬効を持つギョウジャニンニクを〝匂わない〟特別な方法で調理してトッピングしています。匂わないので昼から食べられ、女性にも人気があります。

ギョウジャニンニクという素材が私にとって特別なのは、それが、北海道の豊かさそのもののような植物だからです。

北海道の大地は、四季のはっきりとした自然のメカニズムに支えられています。春から夏にかけてさまざまな生命を育んだ大地は、秋に実りの季節を迎え、冬になればその上に雪の布団が降り積もります。春になって雪が解けると、日の光を浴びた土の中から水蒸気が立ち上がり、固い表土を押し上げ、土をふかふかにします。土の中ではたくさんの微生物が活発に動き出し、有機物を分解して、土に力を与える。人間の手を介さなくても、こうした営みが繰り返し繰り返し何百万年も行われてきました。

その象徴的な存在が、北海道の山々に春の訪れを告げる山菜・ギョウジャニンニクです。ギョウジャニンニクの葉っぱの中には、冬の間、じっと我慢して我慢してため込んだ大地のエネルギーが、ギュッと凝縮されているんですね。

このメニューが完成したのは2005年の夏頃です。

当店の常連には北海道東海大学（現・東海大学）の関係者が多く、私がラーメン横丁で苦しんでいた時代に「一粒庵を応援しよう」と夜な夜な通って知恵を授けてくれました。ギョウジャニンニク研究の第一人者である西村弘行教授（現・北翔大学学長）もその一人。先生とのやりとりの中でたどり着いたのが、ギョウジャニンニクをニラ玉炒めの要領で玉子とじにする現在の調理法です。

先生の論文に基づいた調理法ということで、きちんと学術的な裏付けもいただき、大学の名前もギョウジャニンニクの薬効も、お客さまに伝えることを許可していただいています。

元気のでるみそラーメンは、私にとっても一粒庵にとっても、元気を与えてくれた、かけがえのない一杯なんです。

大島庸司のココがはんかくさい

商品開発の仕事で全国各地を巡る中、北海道の食に魅了された。30歳で有名企業を辞め、幼い子を抱えて妻と北海道に移住した。地ビール会社を経て飲食店プロデュースの企業へ。そこで、〝たまたま〟ラーメン店のプロジェクトに加わり、ノウハウを覚えた。

ラーメンじゃなかったら……。その後の道はいまとは違っていただろう。母と同じドイツ料理かも知れないし、地ビールの経験を生かしてビアバーを経営していたかも知れない。

けれどもラーメンだった。その結果、背負い込んだ苦労もあっただろうし、逆にラーメンに助けられたこともあったかもしれない。

「生産者の支えになり、消費者の食べる喜びに繋げたい」

生産者と消費者を結ぶ「橋」。毎日200本、その橋は架けられる。

大島庸司　Ooshima Youji　52

北海道は
日本の宝、
人類の宝です。

村林秀尚

Murabayashi Hidetaka

北の先住民の生き方に憧れて

夏はカヌービルダー、冬は犬ぞりマッシャー。
遠軽町白滝に〝二毛作〟で生きる職人がいる。
妻と、小さな二人の息子と、
ちょっとやんちゃで走ることが大好きな30頭の犬たち。
そんな彼らに会いたくて、氷点下20度の雪原に
全国各地から冒険好きがやってくる。

村林秀尚　Murabayashi Hidetaka

アウトライダー・インディアンカヌークラフト　代表

1963年大阪府堺市生まれ。法政大学経済学部中退。86年長野県にある職業訓練学校で１年間木工を学ぶ。87年カヌーの制作拠点を求めて北海道南富良野町に移住。88年北海道庁の研修制度を利用して北米を３カ月かけて横断し、カヌーの製法と歴史を学ぶ。89年有限会社インディアンカヌークラフトを設立。97年アウトドアプログラムを提供するアウトライダーを設立。12年舞台を南富良野町から遠軽町白滝に移転する。http://www.outrider.co.jp/

アウトライダーの犬ぞり

夏は木製カヌーの製作、冬は犬ぞりツアーガイド。北海道ならではですよね。夏と冬とでまったく異なる仕事をしています。

犬ぞりのシーズンはだいたい12月の第2週から。シーズン終了は雪解けが始まる3月の最終週ぐらいまで。営業日数としては実質90日～100日の間でしょうか。1年の3分の1もありません。その間に30頭の犬たちは、自分たちの食いぶちを稼ぎます。

お客さんは道外の方が圧倒的ですね。首都圏からはもちろんですが、比較的多いのは西日本。四国や九州といった、雪のない地域の方が多いかな。でも最近は道内のお客さんも増えてきています。うれしいことです。年齢層は幅広いですよ。10歳前後から70代の方まで。女性が多いですね。男女ペアの場合でも、女性の方が参加を決めて男性は「付いてきました」という感じが多い。時代でしょうかね。

うちの特徴は、一人に一台そりと4頭のチーム犬をお預けし、犬にハーネス（胴輪）を付ける作業から操縦まで、すべて一人でやっていただくところにあります。

犬ぞりというと、そりに乗っかっていれば犬たちが勝手に引っ張ってくれるイメージを持つ方もいるかもしれませんが、そうではなく、参加者自身がマッシャー（犬ぞり使い）になってチーム犬をコントロールします。犬を手助けするためのペダリング、ランニング、ブレーキングでの体重移動など、かなり重労働なので、たとえ外気温が氷点下でも気がついたときには汗びっしょりです。

マッシャーは4頭のチーム犬たちにとってのボスです。そり犬が走るも走らないもボスのふるまい次第です。彼らはどんなボスなのか見ています。ボスとして認められなければ彼らは手を抜くし、勝手な行動に出ます。そのため、どれだけ犬たちとコミュニケーションが取れているかが重要になります。言葉を介さないコミュニケーションなので、上っ面な態度はすぐに見抜かれます。犬たちと本気で向き合い、信頼関係が生まれたとき、チームは力を発揮します。

現在は日帰りの「1DAYアドベンチャー」と、泊まりがけで楽しむ犬ぞりキャンプ「ウインターサファリ」の2つのプログラムを実施しています。日帰りコースでも20㎞ぐらいの距離を走ります。天候、気温、雪のコンディションによってもコースは変わります。

以前はそりに犬を繋いだ状態からお客さんに乗ってもらう手軽なプログラムをやっていましたが、それでは一緒に走るチーム犬たちの名前すら覚えないまま帰っちゃうことになるんですよね。犬ぞりのスピード感や犬たちの躍動感は味わえて

も、言葉を超えた濃密な〝会話〟を楽しむには時間も距離も足りない。いろいろ経験を積み上げ、トライアンドエラーを繰り返した結果、現在のようなスタイルにたどりつきました。

職人の生き方に憧れて

生まれは大阪です。父親が食品会社で新規工場を立ち上げる仕事を担当していたので、工場を立ち上げたら次の土地に引っ越すことの繰り返し。福岡に住んでいたこともあるし、つくばにいたこともあります。

自分自身は都会での生活が好きで、将来もずっと都会で暮らすことをイメージしていました。手本はサラリーマンの父親ですから、どこかの組織に属して、組織のために働くんだろうなとぼんやり考えていました。

だけど心のどこかで父親とはまったく真逆の生き方をしてみたいという思い

もありました。手に職を付けて自分の腕で人生を切り拓く。いつしかそんな職人の世界に憧れを抱くようになりました。

職人といえば、僕のイメージは『前略おふくろ様』。板前です。20歳頃だったと思います。大学在学中ではありましたが、元麻布にある割烹に弟子入り志願の手紙を書き、働かせてもらうことになりました。けれどもそこはたたき上げの世界。15歳から働いている年下の先輩たちに怒鳴られながら、昼過ぎから深夜まで皿洗いや掃除の毎日でした。

有名な高級料亭だったので接待客が多く、中には一口も箸を付けないまま残された料理が戻ってくることもありました。そういうのを横目で見ながら、果たして自分が理想とした職人の世界というのはこういうことなのか、もうちょっとじっくりと腰を据えてやるものづくりの方が自分には向いているんじゃないか、そんなふうに思うようになりました。

あるとき八ヶ岳でパンを焼いて暮らしている友人を訪ね、工房を見せてもらいました。パン工房の周辺には木工職人なんかもアトリエを構えていて、彼らがなんだかとてもいきいきしているように僕の目に映りました。「あぁ。こういう生き方もあるんだ」と思うと同時に、「木工の技術を勉強しても、料理人になるのに邪魔にはならないだろう」と考え、料亭は3カ月で辞めて、雑誌で見つけた長野の職業訓練校に行くことにしたんです。

いまになって思えば、結局、理由を付けて料理の世界から逃げ出しただけ。へなちょこ野郎だったんです。

でも、職業訓練校で出会った人たちは、ほとんどが脱サラをしてやってきた切羽詰まった30代、40代の人たちばかり。1年間という限られた時間の中でどれだけ技術を習得し、仕事に結びつけて家族を支えられるか。だから本気度が違います。学校が終わっても、晩ご飯を食べてもう一度学校に戻ってきて、〝残業〟という居残り作業をして技術を磨きました。当時22歳の僕も、周りの方々に感化され、手当たり次第難しそうなものに挑戦して技術を磨くことに専念しました。

そこは家具を専門とした学校だったんですが、僕はあまり家具で使うことのない曲面や曲線の技術も身につけたいと思うようになりました。

そのときたまたま雑誌の表紙にあった木製カヌーの絵を見つけて、それがすべて曲線で構成されていることに気づき、カヌーをつくってみたいと思うようになったんです。

カヌー、そして犬ぞりへ

カヌーに乗ったこともなければ、本物を見たことすらない。講師にしてもカヌーのつくり方まではわからない。それで海外から洋書のハンドマニュアルを取り寄せて、辞書を片手に徹夜して訳し、細かい部分は講師に教えてもらいながら、カヌーを1艇つくりあげました。

これですっかり夢中になった僕はカヌーをつくって生きていこうと決め、職業訓練校を出た後、北海道の南富良野町に移住します。1987年、24歳のときです。大学の方はほったらかしにしていたら除籍になってしまいました。親には職業訓練校に行くことも話してなかったから、びっくりしたでしょうね。

工房を開いた当時というのは日本ではまだまだアウトドアが根付いていない時代で、カヌーも一般には広まっていませんでした。僕は木製カヌーをつくり続けていくのにあたり、〝本物〟を知る必要があると考え、北海道庁の研修制度を利用して北米に渡りました。東海岸のメーン州から西海岸のオレゴン州まで、3カ月かけて北米を横断しながらカヌーの歴史や北方先住民の暮らしについて学びました。カヌーガイドたちと1カ月間寝食を共にしたこともありました。彼らはインディアンのライフスタイルにならい、丸太を組み、布を張ったテントで暮らしていました。トイレは掘っ立て小屋、水道なんてもちろんなく、生活水は沢に水を汲みに行きました。先住民のライフスタイルを体験することを通して、25歳の僕は北方先住民の考え方や文化の豊かさを知りました。

現代に生きる人びとは、ともすると過去の人たちは技術レベルが低く、生活は不自由で、何をするにも不便だったと想像するかもしれません。けれども実は、昔の道具一つを取ってもシンプルで完成度が高く、ものすごい技術が集約されていることに気づきます。木工をかじった人間の目から見れば、そのレベルの高さは明らかで、機械に頼っている自分たちの技術レベルが足下にも及ばないことを嫌というほど痛感します。それまでは機械を上手く操れば何でもできる気になっていたけど、そうじゃない。いかにシンプルな道具で完成度を高めるか。手でつくることの難しさと価値を、北米での生活を通して知りました。

27歳のときだったと思います。井上靖の小説『おろしや国酔夢譚』が映画化されることになり、縁あって劇中に使う先住民のカヤックをつくる仕事を受注しました。バイダルカと呼ばれるそのカヤックについて調べるため僕はアラスカに渡り、博物館や書店をめぐって資料を集めました。面白いことに、必ずといっていいほどバイダルカの資料の近くには犬ぞりの資料がありました。どちらも「縛ってつくる」という構造上の類似点があるからかもしれません。そこで、犬ぞりの資料も一緒に持ち帰ることにしました。

折しもその頃、日本で空前のシベリアンハスキーブームが起きました。ハスキーといえば犬ぞりです。すると僕のカヌーを扱ってくれているアウトドアショップから「犬ぞりをつくってみないか?」と提案を受けました。

この偶然を僕は面白く感じました。せっかくつくるなら、使い手の気持ちがわかってからつくりたい。カヌーのときは使い方も知らずにつくり始めましたが、本来、作り手はよき使い手であるべきです。そこでもう一度、アラスカに行くことにしました。ちょうどそのとき写真家の星野道夫さんが写真展で札幌に来ることを知り、会いに行きました。犬ぞりをつくるためアラスカに渡ることを話すと、星野さんは友人のマッシャーと犬ぞり職人をそれぞれ紹介してくださいました。

かつてアラスカでは犬ぞりを交通手段として活用していましたが、それがスノーモービルなどに取って代わった現在も、レースという形で楽しむ愛好家が多くいます。30㎞ぐらいのレースもあれば、何日間もかけて1600㎞、1800㎞を走る過酷なレースも開かれます。アラスカはレース用犬ぞりの聖地でもあるんです。現地に着いた僕は、星野さんに紹介したもらったマッシャーや犬ぞり職人に会いに行きました。

アラスカでの体験は感動的でした。

僕はマッシャーが操る犬ぞりの荷台に乗せられ、顔だけを出し、10頭の犬たちを真後ろから眺めながら雪原を何㎞も走りました。そり犬たちの躍動感、そり犬とマッシャーとの一体感、それは心躍る体験でした。北海道にこの感動を持ち帰りたい。北海道で犬ぞりをやりたい。アラスカの大雪原の中で心は固まりました。

犬ぞりを観光プログラムに

南富良野のお隣、占冠にトマムという高級リゾート施設があります。その頃、トマムではアフタースキーの楽しみとしてアイスドームを並べたアイスビレッジを始めたばかりでした。そこで犬ぞりの提案をするとトマムの担当者も面白がってくれて、アイスビレッジの中に犬ぞりコースを設けてくれました。

最初は体験という形ではなく、ただ、犬ぞりでぐるぐる走るのをお客さんに見てもらいました。そのうちに「乗ってみたい」という宿泊客からの声があり、僕がアラスカでやったように荷台部分にお客さんを乗せて走ることを試験的に

始めました。そうするとすぐに行列ができ、ふたを開けたら毎日50人ずつ乗せるようになりました。

そのうちにお客さんの方から「自分で操縦するプログラムはないの?」というリクエストがありました。たまたまトマムの敷地内に冬期間活用していないゴルフ場があり、ゴルフ場内に3㎞のコースをつくってもらって、犬ぞりマッシャー体験を始めました。犬を繋いだそりに乗ってもらう2時間程度の手軽な体験です。これが大ヒットしました。

けれどもホテルの敷地では限界があります。しだいに「もっと本格的な犬ぞりをやりたい」というお客さんも現れ始めました。僕らが普段トレーニングをしている南富良野に来てもらえれば、もっと自由度の高いツアーができる。そう考えて、テントで宿泊する犬ぞりのオプショナルツアーをトマムに提案したところ、宿泊プランのひとつとし

て組み込んでくれました。これが現在の犬ぞりキャンプの原型です。

こうやってひとつずつ結果を残しながら積み上げて、ツアースタイルは磨かれていきました。結局、トマムには10シーズンぐらいお世話になりました。

新天地・白滝へ

年々、ツアーはよりワイルドで、より本格的なスタイルになっていきました。来てくれるお客さんもそり犬たちとの非日常的なふれあいを楽しんでくれました。毎年のように飛行機に乗って訪れるファンも増えてきました。ただ、1年も前から準備して「わざわざ」来てくれるお客さんがいる一方で、観光の「ついでに」もっと気軽なレジャーを期待してきてしまうお客さんも一定の割合で混じっていました。原因の一つには、新千歳空港から特急一本で来られるというアクセスのよさもありました。このギャップはなんとかしなくちゃなぁと思っていたところ、トラブルが待ち受けていました。

普段僕らがコースとして使っていた林道が伐採のために1年間使えなくなってしまったんです。家族と犬たちの生活がかかっているので1シーズンまるまる休むというわけにはいきません。新たなフィールドを探すことになりました。30頭の犬を飼い、犬ぞりを走らせることができ、カヌーづくりのためのスペースが確保できる場所……。フィールド探しにはそこそこ苦労すると思いましたが、最初に候補として挙がったのがここ白滝だったんです。

白滝では黒曜石をキーにした観光の取組を進めている最中で、町では新たな観光資源となるものを探していました。観光バスを呼ぶほどのインフラはないので、少人数でもリピーターになってくれるようなコンテンツを求めていました。そこで犬ぞりに興味を示してくれたんです。僕たちにとって幸いだったのは、白滝で以前犬ぞり体験をやっていた人がいたこと、廃校となった小学校跡を使わせてくれることでした。これまでは離農した農家の倉庫を使っていましたが、製作したカヌーを置いておくには手狭でした。小学校の教室は最高のアトリエで、体育館は絶好のギャラリーでした。校庭は犬たちを運動させるのに申し分ない広さがありました。何より大きかったのは、近くにエゾシカを加工する食品工場があり、食肉として使えない部分を譲ってくれることでした。シカ肉は犬たちにとって最高のごちそうです。あらゆる条件がマッチし、僕たちは白滝への移転を決めました。

もちろん、26年間住みなれた南富良野には後ろ髪を引かれる思いもありました。どこにいけば何があるかのも熟知していたし、何より26年間で培った人の繋がりは僕にとって大きな財産でした。それでも、新天地に思い描けるものの方が大きかったというのが、移転を決めた理由でしょうね。

２０１２年10月。30頭の犬と家族を連れて、白滝に引っ越してきました。

経験を伝える

南富良野のコースは渓谷で、閉ざされた中を分け入っていく感じでしたが、白滝はだだっ広い雪原や山の斜面を走ります。コースのバリエーションも増えて、どんどん本格志向に向かっていっている気がします。

今シーズンはサロマ湖にも遠征に出かけました。結氷する湖上25㎞を3チームの犬ぞりで横断したんですが、そこはまさにグリーンランドの世界。誰が見たってここは日本じゃないという風景でしたね。ツアーのイメージはできたので、次のシーズンにはプログラム化するつもりです。氷の上にテントを張って寝るんです。楽しいだろうな。

これまでの人生、「できない」ということだけは言わないように生きてきました。カヌーにしても、犬ぞりにしても、手探りと廻り道ばかりでした。何度も壁にぶつかり、四苦八苦してそれを乗り越え、経験として積み上げたからこそ、いまがあるという気がします。

ビジネスモデルとして考えれば、トマムのときのやり方をもっと洗練させて精度を上げていった方が安定的に顧客も増やせるし、平たく言えば儲かったでしょう。けれども僕はそれを捨ててしまいました。

どれもこれも、自分自身が興味を惹かれた、好奇心を持ったものばかり選んできました。いろいろかじってきましたが、それらがいまになってゆるやかに繋がってきているように思います。

これからはもう少し創作活動にも力を入れたいですね。

犬ぞり用のそりはこれまでレース用をベースにしてつくっていましたが、より北方先住民の暮らしに近い荷そりとしての機能を高めた形に近づけていきたいですし、カヌーにしても、もっと実用的なものをつくりたい。地元の木を使って。より原点に近いやり方で。

できれば木工制作プログラムのワークショップもやってみたいですね。実際につくる工程を乗る人自身に体験してもらい、25年前に僕がアメリカで学んだものをもっと多くの人に還元していきたい。

ノウハウを共有するという発想は、25年前の自分にはありませんでした。持ち帰った当時の僕はまだまだ青くて、そのまま切り分けて渡してしまうことに恐れがあったんです。それを分け与えられるようになったのは、歳を取ったということと、同じやり方でやっても自分と同じようには絶対につくれないという自信が心のどこかにあるからじゃないかなぁ。

いまは簡単によそから持ってきたものを、当たり前のように使う世の中です。とても便利ではあるけれど、ものがどうやってここにあるのか意識していない人が多すぎるような気がします。都会ではお金さえ払えば誰かがやってくれるようなことでも、田舎に住むと周囲にそういったサービスがないため自分たちでやらなくちゃいけません。だけど、やらざるをえなくてやってみると、案外、他人に頼むよりいいということに気づきます。

犬ぞりキャンプの中では、田舎での暮らしや犬たちのこと、北方先住民の話など、僕が見たこと、聞いたこと、経験してきたことをお話ししています。知らなかったことや、自分とは違うものに興味を抱いて、それを知ろうとするのは楽しいものです。

犬たちとのコミュニケーションも同じです。相手が何を考えているのか想像するところから、コミュニケーションは始まります。分かり合おうという気持ちの前提があって対話が成り立ちます。共通の目的で動き始めると、仲間という意識が芽生えてくるんです。

犬と一体感を感じながら走るのはすごく新鮮だというお客さんが数多くいらっしゃいます。でも歴史をふり返ると、動物と人間とが協力して一つのことをやるというのは決して特別なことじゃないんですよね。いまはそれが機械に取って代わっ

ただけであって。

でも。それによって失われたものがある。田舎で暮らすと、そんなことに気づいてしまうものです。

村林秀尚のココがはんかくさい

職人の世界を覗いてみたくて大学を中退した。

たまたま目にした雑誌の表紙がきっかけでカヌーをつくった。

動機そのものは、実は拍子抜けするほど弱い。

でも、ものごとを為しえるのに立派な動機や大義名分は必要ないことを村林さんの生き方は教えてくれる。大事なのはプロセスだ。

バイダルカのよさは部材を縛って固定するというシンプルな構造にあるという。このため海のうねりに合わせてしなやかにねじれ、また元に戻る。対して量産型の船は丈夫さを求めるがゆえに固い。波とケンカするので衝撃がすべて人間に伝わる。だから酔う。

型にはまらず、シンプルに好きなことを追い求める。

力強く、しなやかに。それが村林流の生き方かもしれない。

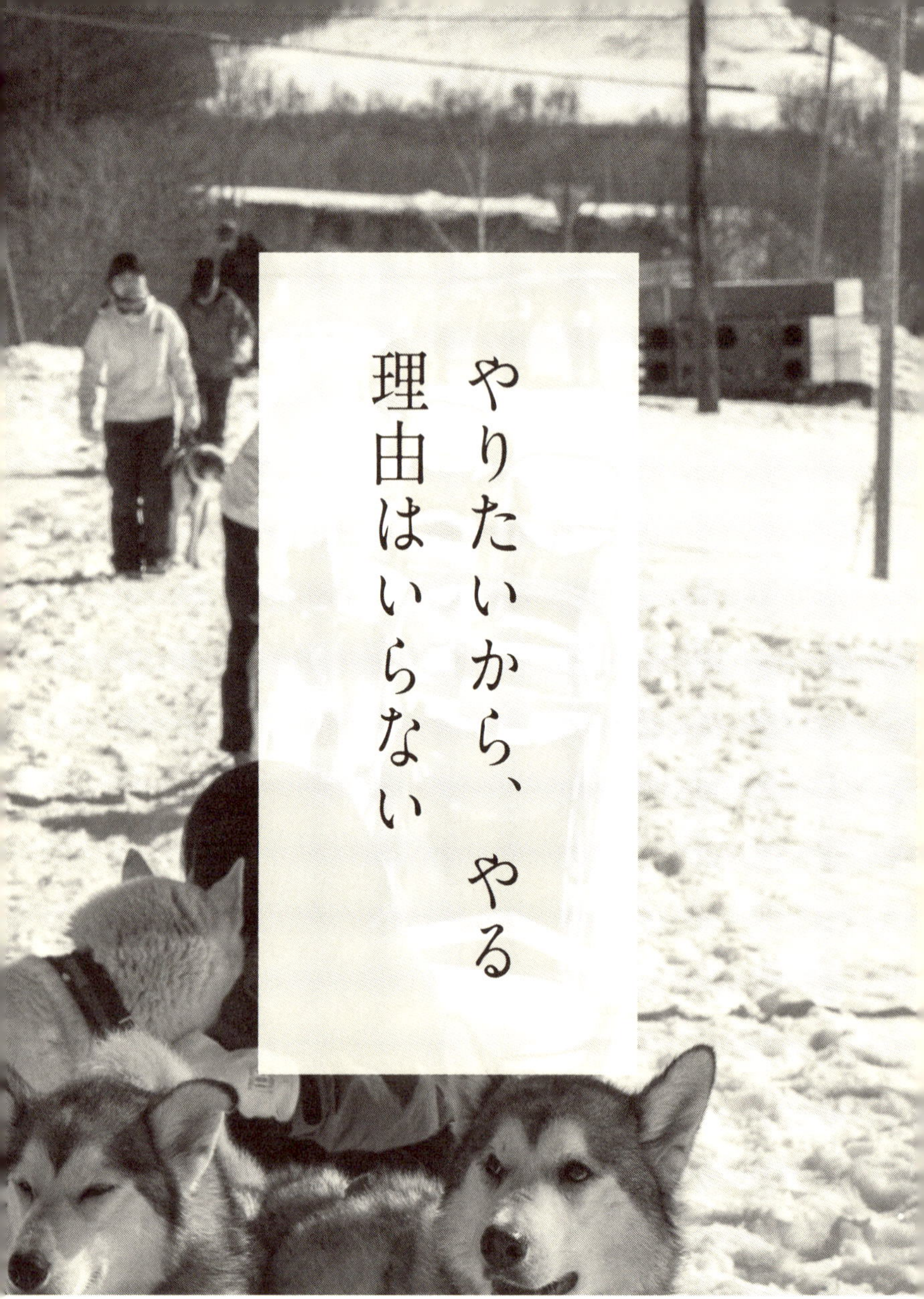

やりたいから、やる
理由はいらない

青田正徳

Aota Masanori

80

本物を伝え続ける語り部でありたい

札幌市手稲区新発寒の住宅街に小さな絵本専門店がある。「ひだまり」という名のその本屋さんはちょっと変わってる。寝転んで本を読んでも、子どもが遊び回っても怒られないし3時間長居したって追い出されることもない。店主といえばうれしそうに、次から次に棚から本を取り出し商売のことはすっかり忘れて、読み聞かせに夢中なのだ。

青田正徳　Aota Masanori
ちいさなえほんや ひだまり　店主

1952年北海道遠軽町生まれ。71年遠軽高校卒業。79年から15年間児童書販売に携わる。94年4月2日、喫茶店の一角に「ちいさなえほんや」を開店。96年より現在の一軒家で営業を開始。火曜日～木曜日の3日間は講演や配達などの外回り作業をこなし、金曜日～月曜日の4日間店を開ける。一番好きな作品は『スーホの白い馬』。レイチェル・カーソン日本協会会員、日本国際児童図書評議会会員、日本児童文学者協会会員。誕生日はアンデルセンと同じ4月2日。

対話から始まる本選び

「いい絵本がわからない」。

お母さんたちから最も聞かれる質問です。インターネットが普及し、これだけ情報が溢れている時代に、です。

8割の絵本は駄作。私はいつも、はっきりそう言っています。

一般的に絵本は字が読めない子どものための本だと思い込まされていて、そこを狙ってつくる絵本が世の中の8割を占めています。要は、子どもに媚びているんですね。わかりやすいのはテレビでヒットしたアニメを本にしたもの。こういう絵本は並べただけで売れていきます。説明もなしに。

一般書店では店員が本についてお客さんと話すことはあまりありません。たいていはレジにいて、持ってきた本をお会計するだけです。スーパーと同じです。お客さんが本を選ぶ基準は、気の利いた書店ならＰＯＰの一つもあるでしょうが、せいぜい表紙とランキングぐらいしか手がかりがありません。つまり、ここでの価値基準は「売れる本がいい本」ということです。

うちの店は、基本的に会話から始まります。何を求めて来店したのかをいろいろな話をしながら情報として引き出し、その上で私が本を薦めます。うちで

扱うのは２５００タイトルですが、これは私にとってすべてを見渡せる、一つひとつ説明できる本の数であり、これ以上は増やさないようにしています。世の中には７０００冊、１万冊を謳う絵本専門店もあります。でも私の場合は、自分一人のキャパシティで責任を持って取り扱えるのが２５００冊なんです。

国内で発行される新刊絵本は毎年１０００冊と

いわれています。その中で、生き残るのは2割。10年経つとさらに1割淘汰されてしまいます。

逆にいえば、いい絵本は賞味期限が長い。50年、60年読まれ続けている名作が数多くあります。時代を経る中で変わっていいものと、変わってはいけない普遍的なものがあるように思います。

いい絵本の三条件

私が絵本を選ぶときのポイントは三つあります。

一つめはオリジナリティ。作者その人の作品であるということが感じられるものです。二つめはリアリティ。どんなにつくられたお話でも、どこかに現実味、真実味があるもの。なぜそれを描こうと思ったのか、作者の思いはリアリティがあるからこそ伝わるものです。三つめはヒューマニティ。読んだ後、何かしら心が和む、あったかいものが心に残るもの。この三つを私は基準としています。

大人は字を読むことができるので、ついつい文字を読んで絵本を選びがちです。だから私は、絵本を選ぶときには最初の1回目は文を読まずに絵だけを見ることをおすすめしています。絵を見て面白そうなら次に文を読んでみる。そうするとよい絵本に出会えます。

読み聞かせをする人自身が気に入った本を選ぶと、面白いと感じた思いが自然と聞いている子どもの心に伝わるものです。

読み聞かせをすることで、読んでいる大人はやさしい気持ちになります。

聞いている子どもはやさしい声の響きを心地よく感じ、自分が愛されていることを知ります。

子どもにとって、絵本を読んでもらうことの一番の楽しみは、お母さんやお父さんを独占できることでしょう。ぬくもりを感じながら、温かい言葉に包まれる。子どもたちは心を預け、至福のひとときを過ごすのです。

読み聞かせをするときは、実はちょっとだけ読み手は離れた方がいい。子どもたちが文字を意識しないぐらいの距離を置いた方が、絵に集中できるんです。子どもたちは絵を見ながら自分の経験と照らし合わせ、自分の中の引き出しをめいっぱいひっくり返し、いろんなことを想像します。絵の中に描かれたことや描かれていない空白を読み取っていきます。

私は、絵本そのものは〝仮縫い〟の状態だと思っています。読み聞かせを通して絵と文を一緒に編み込んでいき、読み手と聞き手が一緒になって世界をつくりあげていく、そんなふうに思っています。

それは幼児も、小学生も、大人も同じ。絵本は字が読めない子どものための本ではない、と私がいうのはそういう意味です。

子どもは何度も繰り返し読むことを好みます。読むたびに新しい発見があったり、心地よさを感じるからでしょう。絵本は繰り返し読むことで発酵していって、世界が広がっていきます。いい絵本はポンプの呼び水のように、心の中に注ぎ込むことで自分の中にあるものがわーっと引き出されていきます。この作品がいいなぁと思う感覚は、その世界観と近い感覚や価値観を自分の中に持っているということなんですね。絵本はそれに気づかせてくれる。自分の中の感性を、簡潔な言葉で、実にみごとに表現していたりするんです。

『はらぺこあおむし』の謎

私の大好きな作品の一つに『はらぺこあおむし』（エリック・カール作）があります。日本で3番目に売れている絵本です。ちなみに1番は『いないいないばあ』（文・松谷みよ子、絵・瀬川康男）で530万部、2番は『ぐりとぐら』（文・中川李枝子、絵・山脇百合子）で450万部、『はらぺこあおむし』は350万部売れています。不動のベスト3です。

『はらぺこあおむし』は子どものときに読んでもらった方も多いでしょう。あらすじを説明すると、葉っぱに産み落とされた卵からあるとき小さなあおむしが生まれ、りんごやなし、すももを食べながら成長していきます。いろんなものを食べ過ぎておなかを壊すといったことを経験し、大きくなったあおむしは「さなぎ」になって、最後はきれいなちょうになります……。

ここまではよく知られた話です。

さて、このちょうはオスだと思いますか？ メスだと思いますか？

この質問をすると、たいていの人が目を丸くします。考えたことがなかったといいます。日本人のほとんどがそうでしょう。ところが、英語版にはちゃんと書いてあるんです。ちょうを指す代名詞が「he」になっているんですね。

それではこのオスのちょうは、一体どこへ飛んでいったのでしょうか。私は想像してみました。きっとこのちょうはメスのところに飛んでいったにちがいない。かわいいお嫁さんを見つけ、2匹の間で愛が育まれ、また新しい生命が誕生するんだろう。……と、ここで、物語の最初に戻ってくるんですね。葉っぱの上に産み落とされた卵に。

エリック・カールは「希望」というテーマでこの作品を書いたといわれています。そうして考えると、ちょうは最後にただ飛んでいったのではなく、希望を抱いて飛んでいきなさいという、絵本には登場しない母のメッセージが込められているように解釈できます。またエリック・カールはミヒャエル・エンデ、アンネ・フランクと同じ1929年の生まれです。戦争の時代を生き抜いた作家です。『はらぺこあおむし』の中には戦争や平和について直接書かれてはいませんが、翼を得て飛んでいくちょうの姿に強いメッセージを込めているような気がしてなりません。作者の生い立ちや、物語が生まれた背景を考え合わせると、楽しさの向こうにある深みや美しさに気づくことができるんです。

絵本って、本当に奥深いんですね。

絵本屋という生き方

私が絵本の魅力に取り憑かれたのは27歳のときです。それまでは絵本にはほとんど興味がなかったし、もっというと、子どものときも親に絵本を読んでもらったという記憶はありません。

私は遠軽町の農家の息子として生まれました。8人兄弟の末っ子です。

地元の高校を卒業して、すぐに札幌へ働きに出ました。パン工場に勤めたり、ミシンの営業をしたりしました。そうこうするうちに結婚して、子どもも生まれました。福祉の仕事をしていた兄弟の影響もあったんでしょう。そのうちに子どもや福祉に関わる仕事をしたいと思うようになり、職安で児童書販売の仕事を見つけました。

就職先は児童図書出版社の販売代理店でした。保育園や幼稚園に絵本を売る仕事です。絵本に関する知識はゼロでしたが、編集会議に参加したり、絵本作家と直接会うことを通して「絵本とは何か」を学んでいきました。

一般的な売買というのはお金を支払う立場の買い手が優位です。だけど、絵本の場合は違いました。「こんな素晴らしい本を持ってきてくれてありがとう」と、買い手である保育士や幼稚園教諭から逆にいわれるんですね。だからこちらもできるだけいろいろな情報を持っていって、子どもたちのためにいい本を紹介しよう、いい文化を伝えよう、という気になる。買ってやろう、儲けてやろうという感覚はお互いになく、売り手・買い手の関係を超えて、子どもたちのために何ができるだろうかという共通の思いを抱くんですね。当時から35年経ちますが、いまでも毎月通っている保育園もあります。そのときの子どもたちの中にはお父さん・お母さんになって、うちの店に来てくれている方もいます。ありがたいですよね。こんな仕事、ほかにあるでしょうか。

絵本に関わるようになった当時、長女はまだ1歳でしたが、この頃から毎晩の読み聞かせを始めました。それは、次女が小学校6年生になるまで続きました。声に出して読んでやることで見えてきたことがたくさんありました。優れた絵本は子どもたちの心を揺らし、親や大人の感性を磨き、それぞれに宝物となって残りました。

42歳からの冒険

1994年2月に、「こどもの本の店オリオン館」という当時札幌では唯一の絵本専門店が閉店しました。オリオン館には何度も足を運び、応援をしていただけにとても残念な思いでした。「札幌では絵本の店はやっていけないんだね。どうしてだろうね」、そんな声も聞こえてきました。170万都市（当時）の札幌でたった1軒の絵本専門店すら残せない。そのことにただただ悔しさを感じていました。

オリオン館が閉店の危機で揺れていたちょうどその頃、「あ・うん」という喫茶店の店主・横浜京子さんから、店でお客さんに絵本の話をしてほしいと頼まれました。15人ぐらいのお客さんを前に熱っぽく語った数日後、横浜さんから「店に絵本を並べてみてはどうか」と提案をいただきました。

専門店がなくなる。喫茶店の一角が借りられる。この二つが私の中で一つになりました。「私がやるしかない」。その気持ちが一気に湧き上がって、とどめることができなくなりました。
資金のあてもないまま、結論だけは出ていました。
妻は猛反対、退職金ゼロ、開業資金ゼロ。三拍子そろったスタートです。
開業日は1994年4月2日。42歳の誕生日でした。

「ちいさなえほんや　あ・うん」は、私が15年間の販売代理店時代で出会った1000冊の絵本からスタートしました。どんなに小さくてもいい、専門店の灯をともし続けてゆこう。そう、心に誓いました。

多くの人に支えられて

1995年4月2日、お世話になった喫茶店「あ・うん」を卒業して、西区西野にアパートの一室を借り、「ちいさなえほんや　ひだまり」として再出発しました。さらに翌年には手稲区新発寒に念願だった一軒家の物件を見つけ、お店を引っ越しました。靴を脱ぎ畳の部屋で親と子がくつろぎながら本を選ぶ、そんな理想的な空間をつくることができました。

新聞やテレビにも取り上げていただき、ひだまりのファンは増えていきました。私も少しずつ在庫を増やし、開店から数年で現在とほぼ同じ2500タイトルを扱うようになりました。

けれども経営は決して楽ではありませんでした。最初のピンチは99年。在庫過剰で支払いが膨らみ、経営危機に陥ったんです。

資金難を乗り切るため無利子・無担保債券の「ひだまり債」を発行しました。9999円を一口として、支援をいただいたんです。そのことが新聞に取り上げられると、当日から電話がジャンジャン鳴り出しました。まったく見知らぬ人たちから

「私でも債権が買えるんですか」という問い合わせをいただきました。ひだまりのために何かしたい、絵本の専門店を残すために自分にできることはないか。そういう思いを持って行動してくださる方が、本当にたくさんいらっしゃったんです。近所のお母さんたちは、厳しい家計の中から一人で1万円を捻出するのは難しいからと声を掛け合ってお金を集め、共同で4口支援してくださいました。積丹から、厚田から、わざわざお金を持って飛んできてくれたお客さんもいました。「申し訳ない」と詫びると、「わがままやりなさい」と言ってくれる人もいました。みなさんの気持ちがうれしくて、毎日、私は泣いていました。本当に、このときほど絵本の力を感じたことはありません。

ひだまり債は最終的に480口、約480万円が集まり、その年の危機を乗り越えることができました。

その後も何度も存続の危機がありました。

本当にね。はんかくさいと思います。絵本屋一筋でこれまでやってきましたが、20年間まともに食べることすらできない。絵本の売上げだけで店を成り立たせようだなんて、少しでも経営的な感覚のある人ならやらないでしょう。どう考えたって儲かる仕事じゃありません。道楽以下ですね。それでも、借り入れを繰り返し、いろんな人に頭を下げて、まだ辞められないでいる。20年間、どうにかこうにか続いてきた。そのことが自分でも信じられません。

私の右腕はもう肩から上にはあがりません。肩を壊しちゃったんです。みなさんによく見えるように右手を伸ばして読み聞かせをしてきたんです。だけど10年前に肩が悲鳴をあげました。いまは腕を支える台がないと、大勢の前で読み聞かせすることができません。週1回鍼にも通っています。これ以上やったらダメになると、医師からも言われています。でも、読み聞かせはやめられないんですね。これが原点だから。

絵本は体験です。生の声を聞き、絵を見ながら、想像の世界を旅するんです。絵本の魅力は体験した人にしかわかりません。だから私は読み聞かせを続けています。一人でも多くの人に、絵本の味わいを体験してほしいからです。

星野道夫という存在

私はこれまでに多くの本に出会ってきました。その中でも、私の生き方や考え方に絶大な影響を与えてくれた存在が3人います。金子みすゞ、レイチェル・カーソン、そして動物写真家であり優れたエッセイストでもある星野道夫です。特に同じ1952年生まれの星野さんは、結局生前会うことはかないませんでしたが、私が勝手に「魂の伴侶」と呼ぶほど特別な存在です。

星野さんを最初に知ったのは、絵本『月刊たくさんのふしぎアラスカたんけん記』でした。その写真に魅了され、文章に惚れ込み、それ以来、彼の生き方が自分の中で大きなウエートを占めるようになりました。
星野さんは96年8月にロシア領カムチャツカで取材中にクマに襲われて亡くなりますが、彼の訃報を聞いたとき、哀しさではない涙が出たんですね。それはたぶん、星野さんの存在が私の中にかなりあることに気づいて、言葉としては適切ではないかもしれませんが、そのことが喜びだったんです。哀しみを超えた喜びだったんですね。私はそれまでにもたくさんの人の死にふれましたが、こんなにも深いところから涙が出たり、心が動くということはありませんでした。それぐらい大きかったんです。

星野さんが亡くなって半年後にひだまりで最初の写真展を開催し、1年後の97年8月に再び追悼写真展を開きました。写真展には、十代の若者をはじめ幅広い年齢層の星野道夫ファンが訪れ、その存在の大きさを改めて知ることになりました。以来毎年、星野道夫展を実施しています。ですから、うちに来るお客さんというのは星野さんが好きな方が多いんです。

星野さんは、亡くなる年の1月に『ナヌークの贈りもの』という本を出版しました。いま読むと、そこに書かれた一つひとつの言葉というのは、まさに彼の遺言だったと思われてなりません。

彼は本の中で「生まれかわっていく、いのちたち」という言葉を4回繰り返しています。その言葉は、人間の命というものは多くの命の中の一つであり、死は終わりを意味するのではなく、目には見えなくとも命は連綿として繋がっているんだということを気づかせてくれます。

情報だけが流れてくる時代に、「本物は何か」という指針をいまなお作品を通して与えてくれるのが星野さんなんですね。

私もまた彼のような語り部として、私なりのやり方で、大切なことを次の世代に繋げていきたい。

星野さんが遺した言葉に次のような一節があります。

人間がもし本当に知りたいことを知ってしまったら、私たちは生きてゆく力を得るのだろうか。それとも失ってゆくのだろうか。そのことを知ろうとする想いが人間を支えながら、それが知り得ないことで私たちは生かされているのではないだろうか。

――『森と氷河と鯨―ワタリガラスの伝説を求めて』より

絵本専門店を開いて20年、販売代理店時代から数えると35年。私自身まだまだ知りたい、知るべきことがあるからこそ、絵本を求め続け、それをお伝えすることをやめられないでいるのでしょう。

絵本には手がかりがあります。生きるうえで大切なことを教えてくれる手がかりです。答えではありません。あくまでも手がかりです。これからもその手がかりを一人でも多くの方に届けることができたらと思います。

長女が高校に入学するその年に、突然会社を辞めて、店をやりたいと言い出しました。

開店初日に38個の花が届き、長女がビックリして「お父さん、こんなに女がいたの?」と目を丸くしました。お花を贈ってくださったのが、保育園の園長をはじめ女性が多かったからです。

喫茶店の入口に飾られた花を見に来た近所の子どもが「お花屋さんを始めたんですか?」と聞くものだから、中に招き入れて「ここは絵本屋さんだよ」と絵本を見せてあげました。

そうしたらその子が「おじさん、いい仕事してるね」と言ってくれたんです。

この言葉が、20年間、私を支え続けてくれています。

青田正徳のココがはんかくさい

取材したのは1月の最終日。絵本を買おうと5千円札を出すと「恥ずかしいけど、お釣りがないんだよ」と青田さんは空っぽのレジを指さした。支払いを終えた日の午後はそんなことがよくあるそうだ。「今月も何とか乗り切れました」、青田さんはそういって底抜けに明るい笑顔をみせた。

「ちいさなえほんや ひだまり」は札幌中心部から車で30分、最寄り駅から歩いて15分かかる。はっきりいって不便だ。近所の大型書店の方が在庫も多いし、ネットならクリック一つで簡単にほしい本が手に入る。それでも「ひだまり」で本を買いたいとわざわざ足を運ぶ人は多い。

青田さんに会うとその理由がよくわかる。3時間も長居するお客さんがいるというのも頷ける。「ひだまり」の存在はこのマチの豊かさの表れだ。「ひだまり」があり続けるマチを、誇りに思わずにいられない。

青田正徳 Aota Masanori **104**

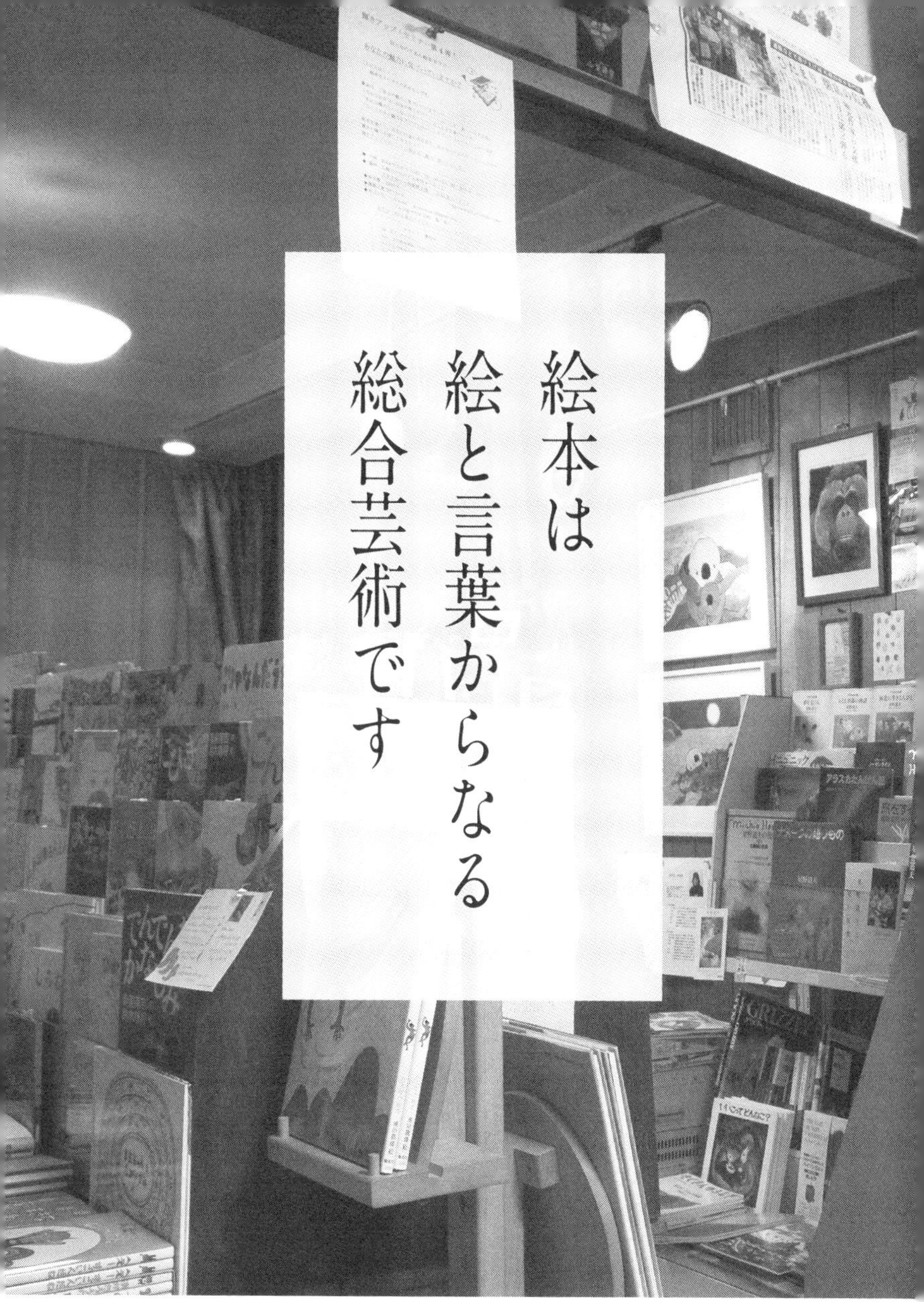

絵本は
絵と言葉からなる
総合芸術です

本田直也

Honda Naoya

マイナーな存在に光を当てたい

物心ついたときから生きもの好きで、夢は動物園の飼育員。
しかし彼が愛したのはゾウやキリン、ライオンではなく
ヘビ、カメ、カエル、サンショウウオだった……。
両生類・爬虫類に魅せられ、その魅力発信を通して
動物園と市民の新しい関係づくりを模索する。
嫌われものたちを愛した、ひとりの飼育員の物語。

本田直也　Honda Naoya

札幌市円山動物園　飼育員

1976年北海道札幌市生まれ。96年より札幌市円山動物園勤務。爬虫類、両生類飼育展示担当。学芸員。NPO法人日本放鷹協会認定諏訪流鷹匠。飼育下でのヨウスコウワニの繁殖を国内で初めて成功させた功績が認められ、動物園事業の発展振興に寄与した人に贈られる高碕賞を02年に受賞。07年市民ZOOネットワークエンリッチメント大賞2007動物園人賞受賞。両生・爬虫類以外では鷹匠の技術を生かした猛禽類のリハビリを行う。https://www.city.sapporo.jp/zoo/

動物少年が、そのまま飼育員に

両生・爬虫類の魅力は美しさにあります。ヘビ、カメ、カエル、サンショウウオ。模様、色合い、形態の美しさは、まさしくアートそのものです。

両生類や爬虫類は〝なつく〟のかと聞かれることがあるけど、彼らは決して人間になつくことはありません。じゃあ、ヘビやカエルを飼って何が楽しいんだ？　と。犬や猫との関係を求める人にとっては不思議に思うかもしれません。

両生・爬虫類を飼育する場合は個体に向き合うのではなく、環境に向き合います。目に見えない、熱や光や空気の流れといった環境要因をコントロールすることで、飼育下の動物や植物がいかにイメージ通り動いてくれるか。うまくいけば繁殖までつながるし、条件が悪ければ彼らは死んで教えてくれる。向き合う対象が個体じゃない。だからヘビを飼っても名前を付けることはまずありません。個体に名前を付けるという概念すらない。

生きものに興味を持つようになったのは3歳ぐらいの頃だったようです。その後、テレビでカメの一生を記録したドキュメンタリー番組を見て、そこから興味は爬虫類に向かっていきました。

親から爬虫類を飼うことが許され家でカメを飼うようになると、そのうちに繁殖に興味の矛先が向かっていきました。いろいろ調べるうちに札幌で両生・爬虫類を世界中から集めているコレクターがいることを知り、その人を訪ねて、仕事を手伝わせてほしいと直談判しました。小6のときです。

その人は両生・爬虫類の個人輸入のようなこともしていて、僕もたびたび千歳の通関に動物を受け取りに行きました。二人で行くこともあれば、

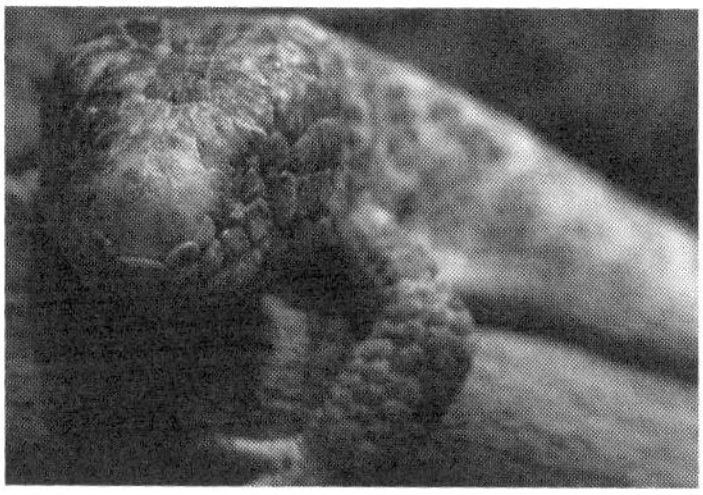

一人で行くこともありました。一番困ったのは、中学生の頃だと思いますが、一人でワニを36匹ピックアップしに行ったときでしたね。小さいワニかと思ったら、これが結構な大きさだったんです。帰りはタクシーを使っていいとは言われていたけど、箱がデカすぎてタクシー1台に乗り切らない。しょうがないから結局、ワニを全部箱から出して車の中に放したんですね。口にテープが巻いてあるので安全ではあったんです。たまたま運転手さんがやさしい人でよかったですよ。それしか方法はなかったんでね。

お手伝いを通して世界中の両生・爬虫類に触れ、管理方法や輸送方法をまのあたりにしました。バイト代の代わりにお駄賃として珍しいヘビやカメがもらえました。コレクションはどんどん増えていって、自宅は飼育ケースだらけ。当時は4畳半の部屋に僕のスペースは2段ベッドの上だけですよ。数えたことはなかったけど、100個体ぐらいはいたんじゃないかな。エサ用のネズミも飼っていたんで、とんでもない状態になっていましたね。

動物園の飼育員になることは中2のときに決めました。動物に関わる仕事といっても、売買をしたいわけではなかったし、動物の取引を手伝いがながらも、そうすることの後ろめたさを子どもながらに感じていたんです。

野生動物の捕獲を減らすには飼育下において繁殖技術をきちっと確立させることが大切です。その技術を磨く中で、管理・繁殖の技術を社会に繋げて貢献していくためには、働き先としては動物園しかありません。

日本の動物園はほとんどが行政管轄で、飼育員になるには管轄の行政職員になる必要があります。円山動物園であれば札幌市。僕の場合は、高校を出る年に採用試験がなかったので、恵庭市の研究所で1年間手伝いをしながら浪人し、翌年改めて試験を受けました。動物園に採用されたのは1996年4月。20歳になる少し前でした。

アートの視点で見つめ直す

基本的にはマイナー志向です。マイノリティに対する興味といいますか。みんながいいいって言うものを、いいと言うのが単純にいやなだけなのかもしれません。ただ、日の当たらない存在にどう光を当てるのかというのは常に考えています。

両生・爬虫類というと動物園の中でもマイナーなジャンルです。これまでの動物園の視点ではなかなか魅力が伝わることはありませんでした。それをアートの視点から伝えたら、また違った評価が得られるんじゃないかと考え、「円山スネークアート展」という企画を2007年から始めました。両生類や爬虫類をテーマにしたアートを市民から募集して動物園で展示するというイベントです。陶芸、イラスト、コンピューターグラフィック、絵画、書道、木工、染物、模型、映像……。両生類・爬虫類が作品のモチーフになっていればなんでもありの自由な芸術祭です。

実は僕の兄貴がデザインの仕事をしていて、ときどき爬虫類をモチーフにTシャツをつくってくれていたんです。よくある爬虫類そのものをプリントしたようなやつじゃなくて、ちゃんとデザインされたTシャツで、すごくかっこいいんです。そういうのを見ていたから、アートの素材としては非常に面白いだろうなとは考えていたんです。動物園がある円山界隈にはアート系の知人もけっこういるし、これは企画として形になるなと思ったんですね。

2007年、2008年と続けて行い、少しお休みして2013年の秋にも開催しました。来園者の投票で〝キング・オブ・スネークアート〟を選ぶ審査会も行います。2013年の審査員には当園の園長のほか、漫画家のいがらしゆみこさんにも協力してもらいました。

おかげで毎回反響もよく、開催すれば必ず参加してくれるアーティストもいます。他分野と融合できたことが、円山動物園にとってまずは大きな成果ですね。動物園関係者だけじゃなく、これまで動物園と関わることのなかったデザインやアートの分野の方とも交流でき、そこから新しいものが生まれたという実感はあります。

飼育環境をデザインする

「円山スネークアート展」は２００９年から4年間お休みしましたが、実はその頃から、新しい爬虫類館の建設計画にかかりきりになっていました。

旧館は１９７４年竣工で、それから35年近く経ち施設自体ぼろぼろの状態でした。ようやく順番が回ってきたという感じです。

ただ、納期は決まっていても、直前までどんな種類の動物が来るのかは分かりませんでした。そこに住む家族が決まっていないのに、家を建てるというのに近い状況です。だから大変でしたね。予算も限られていたし。爬虫類館というのは、動物園の中で本来一番といっていいぐらい建設費用が掛かる施設です。

彼らは環境に対して非常にデリケートなので、それだけ室内設備にも気を遣います。最もお金が掛かる施設なのにどこの動物園も予算がつかない。人気のない動物だからです。円山動物園も例外ではありませんでした。

2011年春に完成した新しい爬虫類館には3つのコンセプトがありました。一つは爬虫類の美しさを伝えること。二つめに稀少動物の繁殖のための設備を整えること。三つめは目に見えない部分をしっかりとデザインすること。

コンクリートを塗り固めただけの箱では植物や動物たちは自活することができません。植物すら育たない環境で動物を育てたくない、まずは植物がちゃんと育つ環境をつくることが第一だと考えました。そのためには目にみえない熱、光、雨、気中の水、空気の流れ、この5つの要素をデザインして、飼育する種ごとに生息地になるべく近い環境を再現していくことが必要なんですね。動物にとって大事なのは景観の再現や特定の行動を促すための造作ではなく、生息地においての「季節の変化」とそれに晒されることによって起こる「代謝の変化」です。5つの環境要素を人為的に操作して個体の代謝を管理し、リズムを組み立ててやることが大事なんです。

ここでは、亜熱帯地域の雨季をつくることもできるし、乾季にもできる。弱い冬をつくることができれば、厳しい冬にもなる。どんな動物が来てもある程度は対応できるような設備になっています。展示しながら繁殖の様子を見せたり、冬眠する姿を見せることもできます。

目に見えないものをコントロールするということは、ひいては人間の住空間をつくることに繋がります。この施設は、そこまで伝えたかったんですね。

爬虫類館の温熱設計には札幌市立大学の斉藤雅也先生にお世話になりました。斉藤先生は、僕がずっと飼育環境の水とか空気の流れとか気になっていたことを、学問と結びつけて明確に解明してくれた方です。動物園と建築って、まず真っ先に結びつかなくちゃいけないと実感しましたね。爬虫類館の建設をきっかけに住宅関係の方々と話をする機会も増えました。

開かれた動物園に

動物の保護繁殖は動物園が果たす大事な役割の一つです。世界中の動物園で絶滅の危機に瀕した稀少な種や、未だ解明されていない種の繁殖技術を確立させるための研究が行われています。円山動物園の爬虫類館でも国内外の動物園と連携しながら、さまざまな両生・爬虫類の繁殖を行っています。

日本の動物園が保護繁殖という役割を果たすためには、遠い国の稀少な種の技術確立ももちろん大切ですが、まずはやはり地元の動物ですよね。絶滅に近い状態になってから慌てて腰を上げるのではなく、余裕がある段階から技術確立を進めていかないと、気づいたときには取り返しがつかなくなってしまう。生息地の環境を見ながら情報を得て、飼育にフィードバックし、それを市民に伝えて行く。それが日本の動物園が向かうべき姿でしょう。

ほとんどの日本人は動物園を子どものためのレクリエーション施設と考えています。子どもが産まれたらとりあえず動物園へ連れて行って、子どもの反応を確かめる場所みたいになっています。たしかにそれも動物園の機能の一つですが、悲しいですよね。それだけじゃ。

だけど、それもある意味で仕方がないことです。日本の動物園は見世物小屋として発展してきた歴史がある。自治体が「おらがむらにもゾウやキリンがほしい」といって予算を使ってきた歴史があります。

もともと動物園という土壌自体は、欧米の価値観、欧米の自然観に基づいてできあがったものです。日本人の価値観とは全然違うんですね。

欧米人にとって自然は神から与えられたものです。だから自然というのは自分たちで管理する対象です。自然を管理するためには自然を理解する必要がある。だから欧米では、コレクション、研究、分類という学問が発展しました。それらは自然保護の考えに結びついて現在に至っています。だから欧米の動物園はそれぞれの施設で研究者を何百人も抱えていて、世界中に派遣しています。各地で保護活動をして得た情報を動物園に持ち帰り、動物園を媒介にして世の中に広く伝える。つまり動物園がメディアになっているんですよ。世界中から集めた情報のメディア、そこに明確な一本の筋が通っているんですね。

日本人は歴史的に、人間も自然の一部と考えてきました。自然というものはおそろしい側面も持っているけど、受け入れる。決して敵対するものではないんですね。欧米とは自然観がまったく違うわけです。

そんな中で日本は動物園という形だけを輸入してきました。日本の動物園は学問とは結びついてきませんでした。だから動物たちを保護するための財源も人材も持っていません。日本の動物園も海外の動物園と同じく、「自然保護」「調査研究」「社

会教育」「レクリエーション」という4つの役割を掲げています。だけどそれを成し遂げるための基盤がないんです。

だったらどうすればいいかというと、動物園を開放することです。動物園をフィールドとして開放し、外部の専門家を繋いでいきながら、うまく機能させていくしかないと思うんです。

日本の動物園はほとんどが行政機関です。行政機関だから「繋ぐ」ということは本来得意なことのはずです。だけど残念ながら日本全国ほとんどの市町村の動物園は閉鎖的です。

その点、円山動物園は恵まれています。爬虫類館の建設もそうでしたが、開放的な関係性の中で他分野のスペシャリストたちの力を借りることができました。あとはどう繋ぐか、誰と誰とを繋ぐか。パイプ役の存在がこれからは重要になってくるでしょう。動物園をメディアにたくさんの専門家が関わり、動物園が市民との結節点になる。日本の動物園の新しい仕組みが生まれていったらいいですよね。

大人にこそ、動物園に来てほしい

動物園はこれまで、どうしてもレクリエーションに重点が置かれてきました。入場者数で動物園の価値がはかられ、入場者数を上げるために動物園側はかわいい動物をフィーチャーし、マスコミがこぞってそれを取り上げてきました。動物や自然に関心を持つための入口として「かわいい」があってもいいかもしれないけど、動物園側がしっかり伝えるものを持ちあわせていないから、結局、かわいかったねで終わってしまいます。それじゃあ最後までレクリエーション施設のまま。動物園の役割をもっと一般に認知させたい。そのためには伝える側の意識を変えていく努力が必要でしょう。なかなか難しいことではあるけど。

僕ができることは、両生類や爬虫類の美しさを多くの人に伝えること。爬虫類のことをみんな嫌いすぎるんですよ。飼いたいと思うレベルまでいかなくてもいいけど、少なくとも両生・爬虫類に対して好感をもってもらいたい。好きの手前ぐらいでも構わないかな。

一番大事なのは、身近に貴重な生物がこんなにもいることを知ってもらうこと。札幌のような190万都市に、貴重なエゾサンショウウオが普通に生息していることを知ってもらうことです。それがある日いなくなったらいやだな、そう思えば自然のなりゆきとして環境のことを考えるようになる。近所にこんなすごい動物がいるんだと知ったら、普通はゴミを捨てないですよね。

そもそも爬虫類が嫌いという人の多くは親の刷り込みです。親が毛嫌いするから子どももマネをする。だから子どもたちのことはそれほど心配していません。それよりも親ですね。大人たちにしっかりと伝えたい。そのためには大人が関心を持ち、大人が足を運ぶような動物園にしなくちゃいけない。大人が学び、それを子どもたちに伝えていくようになったらいい。

円山はとにかく環境がいいですからね。都市にこれほどの自然があるというのは、なかなか珍しいことなんです。だから近所の人にもっと気軽に来てもらいたい。散歩の途中、通勤がてら、もっと気軽に立ち寄ってほしい。地元の動物園としてみんなが誇りを持てるような、愛される施設にしていきたいですね。

本田直也のココがはんかくさい

好きなことをとことん突き詰める。その姿勢は子どもの頃から1ミリもぶれてはいない。彼のまなざしは常に、弱いもの、光の当たらないものに熱く注がれる。爬虫類好きがそうさせるのか、その人柄ゆえに爬虫類に惹かれていったのか。それは分からない。

けれども一ついえることは、本田さんは他人が作り出した固定観念や偏見といったものを、いとも簡単に飛び越えることができる能力を有しているということだ。偏見を排除して見ることは、意識してもなかなかできることではない。一つの能力だと思う。

動物園は子どものものと考える大人のみなさん。固定観念を一度括弧に入れて、札幌市円山動物園の爬虫類・両生類館を訪ねてみてほしい。生きものたちが放つ美しさに、心打たれるはずだから。

両生・爬虫類は生ける芸術だ

佐佐木絵里沙

Sasaki Erisa

風船の魔法で世界中に笑顔を

細くて長い風船を、ひねって曲げてまたひねる。
さっきまで1本の棒のようだった風船は
みるみるうちにカラフルなお花や動物に早変わり。
風船の魔法にかかれば、どんな気むずかしい人も笑顔になる。
こんな不思議な力を持つ佐佐木絵里沙さんだが
魔法使いになるまでは、暗くて色のない世界を生きていた。

佐佐木絵里沙　Sasaki Erisa

風船の魔法使い株式会社　代表取締役／バルーンアーティスト

北海道札幌市生まれ。高校卒業後、13種類もの仕事に就く。2008年よりバルーンアーティストとしての活動を開始。09年には世界にバルーンアートを配ろうプロジェクトとしてフィリピン、中国を訪問。11年２月風船の魔法使い株式会社設立。12年経済界主催・金の卵発掘プロジェクトにて審査員特別賞受賞。ステージショー、実演プレゼント、空間装飾、ギフト製作、バルーンアート教室のほか、講演活動も行う。http://ameblo.jp/balloonartist/

思いを届けるバルーンアート

バルーンアートで世界中を笑顔にする、それが私の仕事です。

細長い風船がくるくると形を変えるステージショー。

その場で風船をつくって渡す実演プレゼント。

色とりどりの風船で空間をファンタジックに彩る会場デコレーション。

うさぎやプードル、カメにチョウ、ふわふわ風船でつくるギフト。

でも実は、わたしが一番届けたいのはバルーンアートではありません。バルーンアートに込めた「あなたに喜んでほしい」という思いです。


あるとき、お子さんを亡くされた方からギフトの依頼がありました。仏壇に飾るバルーンアートのご注文でした。「仏壇だからといって色や形にしばられず、子どもが喜びそうなものをつくってほしい」とその方はおっしゃいました。

わたしはクマや剣のバルーンアートを詰め合わせてお届けしました。

後日、その方からバルーンアートを飾った仏壇の写真とともに手紙を頂戴しました。「子どもは本当に小さいうちに亡くなってしまい、楽しい思い出をほとんどつくってあげることができませんでした。生前子どもを喜ばせられなかった哀しみが、バルーンアートを飾ったことで少し救われた気がします」、そう書いてありました。

バルーンアーティストは「喜ばせたい」という思いを運ぶ仲介役です。誰かを喜ばせたい、誰かを幸せにしたい、そんな方にこそわたしたちのバルーンアートを使ってほしいと思っています。

わたしたちにできるのはバルーンアートで誰かに喜んでもらうためのお手伝い。気持ちを形に変えてお届けしています。

ステージショーやギフトのほかに、バルーンアート教室も行っています。

プロをめざす人に向けた養成講座もありますが、学校や福祉施設に行って初歩のバルーンアートを教える出張教室も実施しています。手指のトレーニングのため高齢者福祉施設で教室をやることもあります。形のシンプルなものであれば、初めての方でも一度の教室で作品を完成させることができます。そのときに「ご自分がつくったバルーンアートをお孫さんにプレゼントしてあげてくださいね」とお伝えすると、みんな熱心につくり方を覚えようとされます。自分がつくったバルーンアートでお孫さんを喜ばせることが生きがいに繋がるんですね。

普段の教室にしてもそうです。バルーンアートを覚えて何かに生かしたいというよりは、はっきりと喜ばせたい対象が決まっている生徒さんが多いですね。

小さな子どものいるお母さん、おばあちゃん。ガールスカウトの指導者やホスピタル・クラウンをめざす人。これまでにのべ2000人ぐらいの方にバルーンアートを教えてきました。うちに通ったあと、地元に戻ってバルーンアートの仕事を始めた人もいます。技術が広まることで、誰かを喜ばせる人が増えていったらいいなって思います。

9年間の挫折

いまでこそたくさんのお客さんの前で話をしたり、パフォーマンスをしていますが、実は子どもの頃は極度の心配性で、人前に立つことがとても苦手なタイプでした。

それが顕著に表れたのは小学校に入学してほどない頃です。毎日の授業やテスト、行事、すべてのことが不安で、そのうちに学校に行く時間になると決まってお腹が痛くなりました。調子が悪いと親に告げて学校に連絡してもらうんですが、休むと決まった瞬間にケロッと治ってしまう。そんなことが続くようになりました。そのうちに仮病を使っているんじゃないかと疑われましたが、毎朝本当に痛くなるんです。結局、ほとんど学校には行けなくなり、不登校が始まりました。年間登校日数一桁という状態を何年も繰り返し、結果的に中学3年生の2学期が終わるまで不登校が続きました。その間、「学校なんか行かなくてもいいや」と思ったことはありません。「学校に行かなくちゃ」「わたしは変わらなくちゃ」と、365日考えていました。わたしは9年間毎日挫折していたんです。行こうと思うのに行けない、わたしって本当にダメな人間なんだ。そういう気持ちを抱き続けました。

でも、3年生の3学期だけは行ったんです。その冬、わたしは本を読み探偵になりたいという夢を持ちました。探偵になるにはどうしたらいいか。探偵学校に行けばいい。探偵学校に入るにはどうしたらいいか。高校は卒業しなくちゃいけないらしい。だけどこのまま不登校だったら入れる学校なんてないんじゃないか？　だったら3学期だけでもがんばって学校に行ってみよう……。

いまから考えれば「え？　そんなことで」というきっかけですが、夢を持ったことがものすごいモチベーションになったんです。ストレスはありました。だけどストレスよりも学校に行きたいという気持ちが勝りました。

最初の3日間は体重が毎日1kgずつ減りました。ほかの子にとっては普段通りの1日だけど、わたしは朝からずっとドキドキして全身全霊でそこにいたからです。何もしなくても体重はきっちり1kgずつ減っていきました。4日目ぐらいになると、緊張はしてもなんとかその場にいられるようになってきました。そのまま3学期は皆勤賞だったんです。

高校受験もしました。担任の先生からは「登校日数を考えれば厳しいけれど、記念受験の気持ちで受けておいで」と言われ、小樽の私立高校を受験しました。面接試験もありました。そのときのことははっきりとは覚えていませんが、なんだか吹っ切れてうまく話せたような記憶があります。登校日数の問題もありましたが、このとき面接官を務めた先生が掛け合ってくださって、わたしはその学校に合格しました。

ラッキーだったのは、小樽の学校ということもあって、小中学校のときのわたしを知っている人がいないことでした。おとなしくてもじもじしている絵里沙を知っている人はいない。だからわたしは、9年間「こんな人になりたい」とずっと思い描いてきた、明るく元気ではきはきしたクラスの人気者というキャラになりきったんですね。最初は演技でした。でも、理想の絵里沙になりきるうちにだんだんとそれが自然なことになってきて、1年生が終わる頃には明るく元気で誰とでも話せる絵里沙になっていました。

9年間不登校を続けたわたしにとっては、学校に行けるというそのことだけでものすごいことでした。その壁を越えられたことはとてつもない自信になりました。「人間は、何でもできる」。オーバーに聞こえるかもしれないけれど、それぐらいの気持ちでした。

高校時代は生まれ変わったようになにごとにも積極的でした。勉強も必死でがんばったし、剣道部に入ってキャプテンも務めました。生徒会長にも立候補しました。わたしがやらないでほかに誰がやる、ぐらいの気持ちだったんです。なんだってできるモードに入っていました。

「はい、やります！」の心得

高校を卒業してすぐに結婚し、子どもが産まれました。2年ぐらい子育てをしながら家にずっといたんですけど、その間、夫のパソコンをいじるうちにどんどん覚えて、ちょっとしたホームページがつくれるぐらいになりました。若くして結婚したから当然、お金もない。「仕事でもしたら」と夫に言われ、ホームページ制作の仕事を始めたんですね。就職経験もないのに。

小樽のおそば屋さんや靴屋さんに飛び込みで営業に行きました。ホームページ制作の仕事に結びつくことはなかなかありませんでしたが、21歳の娘さんがおもしろいことをやってるということでみなさんが次々と縁つなぎをしてくださり、そのうちに歴史的建造物の保存活用を進めるグループに入れてもらったんです。そこで「歴史建築の管理人をやってみないか」と言われ、「はい、やります！」と思わず言っちゃったんですね。そうしてビル管理の資格を取って、古いビルの管理人になりました。

ビルの2階に空きテナントがありました。オーナーから「よかったら何かやってみる？」と言われたので、事業計画書をつくって金融公庫に持っていき、お金を借りてカフェバーをオープンしました。25歳で飲食店の経営者です。アルバイトを3人雇い、わたしも管理人をしながら夜はお店に出て、夫とともに店を回しました。

ほかにもいろんな仕事をやりました。ミニコミ誌のライターをしたこともあります。試食販売の仕事をしたこともありました。「やってみない？」と言われたら、なんでも「はい、やります！」と言って引き受けて、それからそのための勉強を始めるような感じでした。

この頃からわたしは、ものごとを「できるか、できないか」ではなく「やるか、やらないか」で決めるようになりました。そうすれば可能性は、無限大。「できるか、できないか」を考えて行動していたら何もできなかったと思うんです。できることなんてゼロだったから。「やります」といってなんとかできる方向に努力したことが積み重なって、わたしの力になっていきました。

小中学生の頃は、先のことばかり考えて一歩を踏み出すことができませんでした。とりあえず一歩踏み出す。やればできる。それはわたしにとって大きな発見でした。

高校を卒業してからバルーンアートに出会うまで、結局全部で13種類もの仕事をしました。一つとしてムダな経験はありません。

ビラ配りの仕事をしたことがありました。2時間で500枚配るというのが平均的なペースというなか、どうやったらビラを受け取ってもらえるのかを必死で考えました。ビラを出す手の角度、高さ、スピード、目の合わせ方、声のかけ方。1週間工夫を重ねたら、2時間で5000枚配れるようになりました。ビラ配りなんて工夫の余地がないもののように思えるけど、やり方を変えたら人より10倍のビラを配ることができた。これはものすごく自信になりました。

いまでもバルーンアートを渡すときにこのときの経験は生かされています。たった数秒の作業だけど、相手を不快にすることもあれば、いい気持ちにさせることもできる。とても大事なことを、ビラ配りの仕事で学びました。

風船の魔法

だけど、「やればできる」だけじゃ通用しないということも、しばらくして経験することになります。

飲食店を初めて2年ぐらいが経った頃、お客さんが入らず、経営的にとても厳しい状態になりました。プライベートでは夫との口論が絶えず、義理の両親に子どもを預かってもらい、アパートを借りて離れて暮らすようになっていました。お金はなく、真冬でしたがストーブの灯油も買えない日々。震えながら暮らすうちに心も体もボロボロになり、ついには鬱と診断されるまでになってしまいました。

薬が処方され、それが効いている間はなんてことはないんですが、薬が切れると落ちてしまう。「死にたい」という言葉が頭の中をぐるぐる回り始めるんです。そんな状態が27歳から3年ぐらい続き、夫とも離婚。どん底でした。

そんなとき、バルーンアートに出会います。

ある飲食店でごはんを食べていました。そこに、イベントかなにかで大道芸人さんが来てパフォーマンスを始めました。その方はテーブルの間を抜けながら、わたしのところにも来て風船でできたお花をプレゼントしてくれました。

鬱状態のときは見るものすべてが色を失い、モノクロの世界にいるようなんですが、その風船のピンクだけはすごくきれいに見えたんです。嬉しくなって自宅に持ち帰り、飾りました。とてもシンプルな5枚花びらのお花でした。

でも、1カ月もするとバルーンはしぼんでいきました。

「またほしいな」と思うと同時に、自分でつくれるようになったら何度でもずっと楽しんでいられると考えました。そこで、インターネットでバルーンアートをくださった大道芸人さんを調べて、「教えてください」とお願いをすると、快くそれを引き受けてくださいました。2007年の12月です。

練習で何個もバルーンアートをつくりました。つくったバルーンがそのましぼんでしまうのがもったいないから、家族や友だちにあげました。そうするとみんなが「わぁ、かわいい」「ありがとう」と喜んでくれました。そんな顔を見ているとわたしも気持ちがいいんです。喜ぶ姿が見たいので、またバルーンアートをつくって渡しました。そのうちに知り合いだけでは飽きたらず、しまいには通りがかりの人にまでバルーンアートを配りはじめ、結局、1万個ぐらい配ったんじゃないかと思います。

配れば配っただけ喜ばれる。材料費もそれほど掛からず、たった5分もあればできてしまう。バルーンアートは人を喜ばせるのになんて〝費用対効果の高いツール〟だろうと思いました。

それともう一つ大発見がありました。バルーンアートを始めてからは落ち込むことがなくなって、薬を飲まなくてもよい状態にまでなっていたんです。不思議ですよね。それまでは「自分が元気になりたい」「自分が幸せになりたい」、そう思っていたんですけど、「人を喜ばせたい」「人を幸せにしたい」と思うことが自分を元気にする唯一の方法だったんです。

人の喜びが、自分の喜び。人に喜んでもらった分だけ、自分が元気になっていく。風船を渡すたびに「あなたが受け取って喜んでくれるから、わたしは元気でいられます。ホントにありがとう」と、心の底から思うようになりました。

とにかく喜ぶ顔が見たくてバルーンアートを配っていると、渡した方から

「ショーをやってみない?」と言われました。２００８年5月、初めてバルーンアートをつくってから半年後に、わたしはショーデビューします。その後も、バルーンを受け取った方からさまざまな仕事の依頼をいただくようになりました。「あぁ、本当に人が喜ぶことをしたら、こんなに簡単に仕事が入ってくるんだ」。これも大発見でした。

その冬、異業種交流会で知り合った方がバルーンアートを見て「日本の子どもはもちろんだけど、世界の子どもたちに見せてあげたいね」とおっしゃいました。わたしはとても単純だから、すぐにその気になり、２００９年1月にフィリピン、10月に中国に行き、バルーンアートを配りました。言葉は通じなくてもバルーンアートがあれば喜んでもらうことはできる。心を通わせることができる。バルーンアートで世界中を笑顔にしたい。

それがわたしの目標になりました。

風船の魔法使い株式会社

教室を始めたのは2008年かその次の年ぐらいでしょうか。

バルーンアートで一番嬉しいのはもらった人ではなく、あげた人の方だと、自分の経験から知ったわたしは、人に喜びを与えることの幸せを体験してほしいと思い、教室をやることにしました。教えたい。伝えたい。「バルーンアートを渡して人が喜ぶと本当に気持がいいからみんなもやろうよ」、そんな感覚です。

工房に人を集めたり、不定期の出張教室を開催したり。基本的な作品のつくり方を動画にしてインターネットで配信するようになりました。

世界中を笑顔にするのがわたしの目標だといいましたが、そう公言しながら途中でハッと気づきました。世界中を笑顔にするためにはわたしは何歳まで生きなくちゃいけないんだろうって。わたし一人ではムリだな。じゃあ、みんなでやればいいんだ。そう考えて生徒さんに「一緒にやろう。風船の魔法使いになろう」と声を掛け、少しずつ仲間を増やしていきました。

みんなが活躍できる場をつくりたいと、入ってきた仕事を割り振りするうちに、個人経営だといろいろと不都合もでてきたので２０１１年2月に法人化しました。風船の魔法使い株式会社。この名前、会う人みんな面白がってくれるんですよね。こども銀行みたいなミスマッチ感がいいって。

２０１１年11月には風船の魔法使い学校をつくりました。正式な教育機関ではなく、「バルーンアートを通して、世界中を笑顔にする」という理念に賛同する人を、日本中から集めて風船の魔法使いのネットワークをつくり、バルーンアートを広めていく仕組みです。申請してくれた人には学生証を発行します。

活動に応じて2年生とか3年生とか、名乗ることができるようになります。

バルーンアートがある程度できるようになると多くの人は難しいものをつくりたくなるものです。でも風船の魔法使いの方向性としては、シンプルなものをいかに楽しく渡すかに力を注いでいます。バルーンアートはあくまで人を喜ばせるためのツールです。ただつくって渡すのではなく、どんなふうに渡したら喜んでもらえるのか。たとえば、わたしたち風船の魔法使いは実演プレゼントのとき、お客さんにどこかで手伝ってもらう工夫を取り入れています。プードルのしっぽを膨らませるときに、魔法の息をフッとふきかけてもらったり。そうやって魔法の力をお客さんに体験してもらうんですね。

風船の魔法使い学校の生徒は現在300人ぐらいいます。北海道から沖縄まで、いろんな地域、いろんな年代、いろんなバックグラウンドを持った人たちが、バルーンアートというキーワードで繋がって、それぞれが誰かを幸せにする活動を行っています。笑顔というのは連鎖するもの。一人が楽しい気持ちで一日を過ごせば、家族、お友だち、その人とすれ違った人も、気持ちが温かくなると思うんですよね。笑顔の波紋が日本中、世界中に広がるように、みんながいろんな場所でバルーンアートを配ってくれたらいいなと思っています。

風船の魔法使いという名前ですか？　実はこの名前は、つくったというより与えられたものだと思っていて。バルーンアートを始めてしばらくの頃はバルーンアーティストエリサの名前で活動していたんです。ところが、あるとき複数のお客さんから同時期に「わぁ、魔法みたい」「あなた、魔法使いみたいね」と言っていただきました。そのときにハッとしたんです。わたしは風船の魔法使いになるために、これまでいろんな経験を積んできたんじゃないか。大げさに聞こえるかもしれませんが、風船の魔法で目の前の人を笑顔にする、これはきっと天命なんだ。

それからわたしは名乗るようになりました。風船の魔法使いエリサです、と。

佐佐木絵里沙のココがはんかくさい

「風船は割れた分だけうまくなる。割れた音はレベルアップの音です」。エリサさんの放ったこの言葉がとても印象的だった。

9年間にわたる不登校、経営する店の失敗、私生活のトラブル。ついには心と体のバランスを崩し、鬱病と診断される。人一倍デリケートであるが故に、辛さを抱え込んでしまうエリサさん。だがバルーンアートとの出会いが、彼女に克服するチャンスを与えた。

風船は、割れるから風船だ。失敗のない人生がないように、割れない風船は存在しない。

風船は空気を入れなくちゃ割れない。形をつくろうとして思いっきりひねるから割れるのだ。エリサさんの生き方は、失敗が成功のためのただ一つの道であることを教えてくれる。

あなたが喜ぶと
わたしも嬉しい

草場鉄周

Kusaba Tesshu

ひとを診る
地域を診る

かつて日本のどのまちにもいた、かかりつけのお医者さん。
それを現代に再生しようとする医師がいる。
超高齢化社会、増大する医療費、広がる医療の地域格差。
日本の医療が抱えるさまざまな問題に
光をもたらすことが期待される家庭医療。
けれども、それが根を張るまでの道のりは茨だらけだった。

草場鉄周　Kusaba Tesshu

医療法人北海道家庭医療学センター　理事長／家庭医

1974年福岡県福岡市生まれ。99年京都大学医学部卒業後、日鋼記念病院にて初期研修。03年北海道家庭医療学センターにて家庭医療学専門医研修を修了。04年よりカナダのウェスタン・オンタリオ大学家庭医療学講座の修士課程（家庭医療学専攻）に学ぶ。06年北海道家庭医療学センター所長に就任。08年医療法人北海道家庭医療学センター設立。日本プライマリ・ケア連合学会副理事長、北海道医療対策協議会委員、京都大学医学部非常勤講師。http://www.hcfm.jp/

古きよき町医者を再び

家庭医療という言葉、聞き慣れないかもしれません。

家庭医療は患者さんの性別・年齢などにかかわらず、さまざまな臓器の疾病を幅広く取り扱う医療分野です。

古きよき時代の町医者をイメージするとわかりやすいでしょう。どの町にも一人ずついて、家族ぐるみで診てくれる。夜、病気になったら大きな黒い鞄を持って往診に駆けつけてくれる、かかりつけのお医者さんのような存在です。

現代の日本の医療は高度に専門化し細分化された結果、眼科や皮膚科、耳鼻咽喉科といったように臓器ごとに診療科が異なります。それを、臓器には関係なく、眼の問題も、精神的な問題も、持ち込まれた健康問題はすべて扱いましょう、というのが家庭医療です。

実は健康問題の8割は専門医にかからなくても家庭医が診ることができます。お腹が痛い、指が痛いというとき、その多くは家庭医で十分に対応できるんです。けれどもその中には、心筋梗塞や脳梗塞が隠れているかもしれません。それを見極め、適切なタイミングで専門医に繋げる。そうした「ハブ」のような機能を僕ら家庭医は担います。

そもそも、患者自身がどこの科にかかるのかを決めること自体が不自然だと僕なんかは思っています。患者さんはドクターじゃありません。「入口」を間違えた結果、症状の発見が遅れ、最悪の場合には命を落とすことだってある。腰の痛みを感じて整形外科に行く。整形外科医は原因が見当たらず、「とりあえず湿布を貼って様子をみてください」という。実はそのときすでに腹部大動脈瘤が破裂しかかっているかもしれない。もし、命に関わるような事態になったら？ これは、疾病を見逃した、専門外である整形外科医のせいでしょうか。それとも最初に整形外科を選んだ患者さんのせいでしょうか。

腰が痛いという場合、僕らは内臓や血管のトラブルの可能性も考えて診療します。腰のどこが痛いのか。痛みの程度はどうか。血管かな？　となればすぐにCT、オペとなり、専門医に繋ぐ。内臓のトラブルはとても微妙です。鑑別診断を自分でできる患者さんなんて、そうそういるわけではありません。

直接専門医療を受診できる現在の医療制度は、患者さんにとっての選択肢が多く、一見親切なようにみえます。でも、僕らの感覚では患者さんに責任を負わせ過ぎているようにみえます。

田舎であればとりあえず地域に一つしかない診療所に行くので〝ボタンを押し間違える〟ことは少ないでしょう。だけど都市部の場合はいろんなボタンがあるから、患者さん自身が誤ったボタンを押してしまう可能性が高いわけです。そういった部分を疑問視する声は近年医療界の中でも大きくなり、議論が繰り返されています。

ひとを診る医療

家庭医療がほかと異なる点の一つは、医師としての姿勢や考え方が治療に反映されることです。たとえば外科医が個人的な考えで手術内容を変えるのは危険ですが、家庭医は患者さんによって治療内容を柔軟に変更します。たとえば風邪薬を処方する場合でも、早期に症状を抑えないと影響が大きい学校の先生であれば早い段階から強い薬を処方するし、逆に社会的リスクのない患者さんであれば症状が同じぐらいでも副作用の少ない弱めの薬を処方するでしょう。患者さん一人ひとりに対して個別に対応をするのが大きな特徴です。

一人の医師が長期間にわたってその患者さんを診ていくと、飲酒量や喫煙量はもちろんですが、どんな趣味を持ち、普段はどれぐらい運動しているのか、どんな仕事でどんなストレスを抱えているのか、どんな家族構成なのかといった、患者さんその「ひと」にまつわるさまざまなことがわかってきます。さらに、地域に根ざして診療をしていくうちに、「まち」の姿が見えてきます。この地域には独居老人がどれだけいて、どんなサークルがあり、だれが町の有力者で……といったことまでわかってきます。そうなると僕ら家庭医は、診療にかかっていない人にも目を向け始め、求めがあれば、町内会や老人クラブの講演会に行って健康講話をします。診療所に来る人だけではなく、地域全体の健康度をじわじわ上げていく、そういう活動も僕らの仕事だと思っています。

僕が理事長を務める北海道家庭医療学センターでは、現在、北海道内に6カ所（札幌市・室蘭市・旭川市・更別村・寿都町・上川町）、滋賀県に1カ所サイトを開設し、それぞれの地域で診療所を直接運営したり、医師を派遣して家庭医療を実践しています。

家庭医療は誕生してからまだまだ歴史が浅い医療分野です。僕が家庭医療の存在を知り、北海道家庭医療学センターに入ったのは15年前。医療界の中でもその存在がほとんど知られていない時代でした。

お医者さんになりたい

生まれは福岡県福岡市です。医師への憧れの原点は、子どもの頃にお世話になったおじいちゃん先生の存在が大きいかな。たぶん当時で80歳近かったと思いますが、親身に診察をしてくれて、包み込むようなやさしさがありました。小学校2年生ぐらいの文集で書いてるんですよね。将来なりたい職業のところに「お医者さん」とはっきり。ほかの子は野球選手とか書いているのに。

でも、そのあとは医者になることよりも歴史に興味が傾いていきます。ちょうど僕らが中学生の頃というのは、天安門事件とか、ベルリンの壁崩壊とか、まさに世界が激動の時代にあったんですよね。だから国際政治や歴史に関心があって、そういう本ばかり読んでいました。将来は国際政治

学者か歴史学者になりたいなぁ、なんて思っていたんです。

高校1年生のときに恩師から養老孟司さんの書籍を薦められました。『唯脳論』の頃ですね。読めば読むほど面白くて。そこから、人間の脳や心に関心が移っていきました。人間を「みる」という意味では医者という職業はサイエンティストであり、世の中に役立つ実利的な面もあり、そのどちらも担うハイブリッドな存在です。一生涯を掛ける仕事として、医者というのも面白いかなぁと思うようになりました。高校1年生の終わりに文理選択があり、そこで理系を選んだわけですが、あのタイミングで養老孟司さんの本との出会いがなかったら、この道には進んでいなかったと思います。

大学は京都大学医学部に進学しました。在学中は、精神科や心療内科、総合内科などさまざまな診療科に興味を持ち、片っ端から調べ、見学に行きました。どれも一長一短があり、めざす方向は近くても、純粋な意味での共感はなかなか得られませんでした。「家庭医療」という言葉に出会ったのは、卒後の研修準備を進めていた6回生のときです。

5月頃だったと思います。大学のロッカールームに1枚のビラが貼ってありました。よくある見学ツアーの案内だと思って何気なく眺めてみると、そこには家庭医療という聞き慣れない言葉がありました。「なんだろう?」と思って書かれた部分をよく読むと、体を診る、心も診る、背景にある家庭環境を診る、地域に医者が入り込む医療だとある。まさに、僕が思い描いていた医療でした。

「こんな医療分野があったんだ!」。見つけたときは本当に衝撃でしたね。

でも、それまで家庭医療なんていう言葉は耳にしたことがないし、同級生に聞いても誰も知らない。「大丈夫なの?」「新手の新興宗教だったらどうする?」なんて、半ば本気で心配しながら室蘭で行われた研修(エクスターンシップ)に参加したんです。

たった5日間の短い研修でしたが、所長の葛西龍樹先生や一緒に研修に参加した学生と対話をする中で、「大学でやっている診察とは全く違い、医師が患者さん一人ひとりに寄り添って患者さんのために汗を流している。家庭医療は本物かもしれない。これこそ僕がめざしていた医療だ」と、確信を深めました。

北海道家庭医療学センターで研修を受けるつもりだと親に言うと、やんわりと反対されました。無理もありません。医学部生100人のうち95人は京大医学部の眼科とか内科とかに入局します。いわゆる医局です。大学を出てよそへ行くのは4、5人。よっぽどのアウトサイダーです。でも、自分なりにいろいろ見て考えた上での判断でした。気持ちが揺らぐことはありませんでした。

教育体制をつくりあげる

京都大学を卒業した僕は、1999年5月に室蘭に赴任しました。

室蘭での最初の2年間は初期研修といって、提携病院内のさまざまな科を回って指導を受けるわけですが、同じ医療法人の病院の中でさえ、家庭医療は異色の存在です。指導医からは「きみたち、何が学びたいの？　そんなになんでもかんでも診るなんて無理でしょ。中途半端な医者ができるだけじゃないの?」なんて、行く先々で冷笑を浴びました。中には応援してくれる先生もいましたが、大半は白い目で見られましたね。初期研修の2年間はそれが辛かった。幸い研修仲間がたくさんいたので、仲間たちと議論しながらモチベーションを保っていたという感じです。

初期研修の2年間が終わると、後期研修といって地域の診療所に入って診療を行います。2年間で5つの診療所に赴任し、地域それぞれの診療所の家庭医療を学びました。初期研修とは違い、診療所には僕らのロールモデルの先生がいたり、やりたかった診療を存分にできたので充実感がありましたね。ただ当時、北海道家庭医療学センターは走り始めたばかりで、指導医は葛西先生一人しかいなかったんです。その葛西先生にしても全体を見る立場だから、実地で診療所に張り付いているわけにはいかない。だから僕らは研修医でありながら診療所の医療を統括するような立場にもならざるをえない状況にありました。研修医の中にはそれに耐えられない人もいて、センターの教育に対する不満が積もり、殺伐とした雰囲気になりました。「こんなの教育じゃない」と出て行く研修医も一人、二人じゃありませんでした。体制が確立していない中で、創成期ならではの混乱といいますか、そういう時期があったんです。

いまだから言えることだけど、4年間の研修が終わった時点で自分も関西か、実家のある九州に戻ろうと考えていました。でも、こうして組織が揺らいでいる状態で自分が去ったらその後はどうなってしまうのか。ここで育てられたものとして、恩返しをするべきじゃないだろうか。なんとかしていい教育制度を確立し、付いてきてくれている後輩たちを育てよう、そう腹を括ったんです。

初期研修のときに、週に半日だけ病院を離れて診療所で家庭医療の外来診療を経験する「ハーフデイバック」というプログラムがあります。僕が研修医時代にもあったんですが、やりっ放しという感じだったんで、教育の担当者としてまずはここにメスを入れました。

ハーフデイバックは昼1時半頃から往診をして、夕方からカンファレンスを行います。とにかく伝えたいことが山ほどあったのでカンファレンスはどんどん延長し、毎回夜の10時、11時までかかりました。その後カルテを書かせるんですが、これが実はすごく重要な作業で、記録に落とし込むことでその医師がちゃんと理解できているかどうかがわかります。僕はその内容をチェックして、理解度が低い場合にはやり直しをさせるんです。終わるのはだいたい深夜1時を回ります。ひどいときには2時、3時までかかり、研修医もそのまま診療所に泊まっていくなんてこともしょっちゅうありました。自分でいうのも変ですが、超スパルタ教育です。そのカンファレンスが週に3日間ありました。

それでもこれが評価を受け、ぜひこのハーフデイバックを受けたいという研修医が増えてきました。ある年には1年で10人も研修医が入ったことがあります。僕の中ではかなり手応えを感じ、軌

道に乗ってきたなと思い始めていました。でもそんな矢先に事件が起こります。

北海道家庭医療学センターを所長として引っ張ってきた葛西先生が福島県立医科大学からオファーを受けて急遽そちらに行くことになったんです。僕らにとって二度目の危機でした（一度目は教育体制の不満が溜まって分裂しかけたとき）。

葛西先生は唯一のベテラン指導医で、普通に考えたらシンボリックな所長が辞める時点でセンターとしても崩壊です。ただそのときに、僕と、更別村にいる山田康介先生と、後輩の中川貴史先生、八藤英典先生といった初期からのメンバーでとことん話し合い、若輩ではあるけれど僕らがやらなくちゃいけないと決意をしたんですよね。せっかく教育システムもできあがってきたし、家庭医をめざして集まっている研修医もいる。北海道家庭医療学センターが家庭医療の分野において日本の先駆的な組織として認められ始めたときだったから、いま組織がなくなるのは家庭医療の停滞を意味してしまう。「あぁ、やっぱり日本じゃ家庭医療は無理だね」、そう思う医師もいるでしょう。

医療法人の理事長であった西村昭男先生に僕らの決意を伝えると、「わかりました。草場君、あなたが引っ張っていってください」と、どこかから医師を招聘するのではなく、僕を所長に任命してくださいました。卒後7年目、32歳でした。

三度目の危機を乗り越えて

2006年4月、北海道家庭医療学センターは草場新体制で再出発しますが、さらなる大事件が待っていました。

2007年9月、西村理事長が理事会で解任されます。

このことがなぜ僕らにとって大事件かというと、西村理事長は家庭医療の最大の理解者だったからです。西村理事長自身は家庭医ではなく、外科の先生です。でも、「日本の医療で決定的に欠けているのは家庭医療だ」という見識のもと、家庭医を育成するための機関として北海道家庭医療学センターを開設しました。家庭医療に対しては病院内でも懐疑的な考えを持つ医師がたくさんいたんですが、僕らはずっと西村理事長に守ってもらっていたんです。その西村理事長がいなくなる……。

葛西先生のときと同様、再び幹部メンバーが集まって議論を重ねた結果、出した答えは医療法人からの独立でした。思い切った決断ではありますが、センターを守るためにはそれしかなかったんです。

この決断を、家庭医を派遣している更別村の村長さんや寿都町の町長さんが応援してくださいました。「先生たちがそれほど地域のことを思ってくれているのであれば、自治体としてもできることはなんでもします」と心強い言葉をかけていただきました。これでみんなの気持ちも固まりました。

なによりすごいことはメンバーが誰一人辞めなかったことです。葛西先生のときもそうでしたが、これだけ組織が揺らいでいるときに誰も辞めなかった。

「家庭医療の礎を築くためであれば、どんなにこの先が不安でも僕は付いていきます」「わたしも付いていきます」、そんなふうに言ってくれたんですね。このの言葉には勇気づけられました。このときに誰も辞めなかったこと、それは僕の誇りでもあるんです。

2008年3月に医療法人北海道家庭医療学センターを設立し、理事長に就任しました。理事長になったことでこれまでとは比べものにならないぐらい責任は大きくなったし、仕事も増えました。けれども医療法人化したことのメリットはとても大きく、これまでは何をするのにも運営母体の許可が必要だったものが、それがなくなり自由になりました。「ひと・もの・かね」すべてに対する権限を得たわけです。独立後は診療体制、教育体制も刷新しました。家庭医の指導医を育てるためのフェローシップというシステムを作ったり、大学医学部との連携を強化したり。人と時間とお金を投入して、教育制度そのものを磨きあげました。この5~6年間の進歩は大きなものです。

現在はたくさんの医療関係者が当センターの見学にいらっしゃっています。ふり返れば厳しい状況はいろいろありましたけど、結果的にはよかったんじゃないか、そんなふうに思います。

診察はいまでも行っています。週1回になってしまいましたが。それをしなくなったら単なる経営者になってしまう。どんなに忙しくても診察は続けます。家庭医が家庭医であるために。

「王様は裸だ！」

医療を取り巻く状況はいま、目まぐるしく変化しつつあります。そのなかで家庭医療に対する認識も大きく変わってきています。

潮目が変わったのは4〜5年ぐらい前でしょうか。医療崩壊が話題になりましたよね。病院の先生が一斉退職したり、僻地の医師不足が取り沙汰されました。医療費増大の問題もあります。高齢者が増えることで医療費がかさみ、それを補うため保険料は高額になり、保険料を払えない人が続出する。このままいけば国民皆保険制度は破綻するでしょう。そうなればお金を持っている人だけが医療を受けられる世の中になる。そうしたことが現実味を帯び始めています。

日本は既に超高齢化社会を迎え、近い将来には高齢化率35％を超えるでしょう。一人で7～8個の健康問題を抱える高齢者がそれぞれの専門医にかかれば、それだけ医療費がかさむことになる。そんなとき、僕らのように包括的に診られる医療機関であれば1カ所の通院ですみます。検査のムダ、薬のムダを適正に抑えられるわけです。また今後さらに医療費を抑えるために、入院が減り、在宅ケアが増えるでしょう。そのときに受け皿となるのが僕らのような家庭医の存在です。田舎、郡部の医師不足も、家庭医を増やすことで問題は解決に向うでしょう。

日本の医療が抱える諸問題、その解決の大きなカギを握っているのが家庭医療であるということを、業界トップの方々は既に気づいています。そして国も家庭医療の推進に向けて舵を切り始めています。

厚労省では2011年10月から「専門医の在り方に関する検討会」を開催し、2013年4月に報告書をまとめました。これにより、2017年度以降「医師は基本領域のいずれか1つの専門医を取得することが基本」と定められ、その基本領域に新たに「総合診療専門医」が加えられたんです。

総合診療専門医の中には家庭医も含まれます。つまり、これまで蚊帳の外だった家庭医療が、日本医師会のような日本の医療の根幹を支えている組織の代表が入っている会議で、19番目の医療分野として正式に認められたわけです。厚い岩盤にようやく一点の裂け目をうがつことができた。社会的要請によって、〝常識〟が変わりつつあるんです。

日本の医療のウイークポイントはプライマリ・ケア（総合的な医療）である。このことは見識ある医療人にはずっと前からわかっていたことでした。だけどこれまでは西村先生のような一部の人を除いて、それを表だって口にすることができなかった。裸の王様だったんです。でも、王国の崩壊がいよいよリアリティを持ち始めてきたので、「王様は裸だ」という人びとが現れた。つまり、そういうことなんだと思います。

家庭医療を、日本の医療の基盤に

プライマリ・ケアは社会に必要な医療である。僕自身がその思いを強くしたのは、東日本大震災の後、ボランティアで宮城県気仙沼市に行ったときです。4月の頭に被災地に入ったときには、高度医療機器が全く動かず、血液検査もできないような状況が続いていました。最新医療設備を誇っていた大病院も、機器が使用できないことで医療そのものの提供が困難になり、他の医療機関に患者さんの受入をお願いするなど、混乱をきたしていました。

僕らは看護師さんと一緒にがれきの道を軽自動車で動き回りながら、在宅のお年寄りの家を一軒一軒訪ね、往診しました。

検査装置が使えない状況の中でできることは問診と身体検査です。体温を測り、脈を測り、血圧を測り、体を触り、聴診器で胸の音を聞く。必要最小限の検査をしながら問診と診察により、ある程度絞り込んで診断をつけて薬を投薬していきました。高度医療機器が使えないことは、僕らにとっては特別なことではありません。日常行っている在宅医療も基本的には高度な機器に頼らず、最小限の検査具と問診によって行っています。だからそれほどの不自由を感じませんでした。

患者さんはとても喜んでくれました。「先生、ありがとう」「頼りになるね」「北海道に戻らないで、ずっといてくれたらいいのに」。

被災地で必要とされていたのは、神の手を持つスーパードクターではなく、床ずれに顔をゆがめる高齢者の痛みに寄り添うことができる「ひと」でした。

確信をしました。この医療は今後１００年経っても消えることはないだろう。

時代遅れとかそういう話ではない。こうした医療が基盤になければ、高度医療も砂上の楼閣にすぎません。

家庭医療を日本の医療の基盤にする。

それは、僕ら家庭医のフロンティアにとっての使命だと思っています。

僕自身はいま、日本プライマリ・ケア連合学会の副理事長をさせていただき、専門医制度の改革に携わらせてもらっています。2017年度から始まる新制度に向けて、内科、小児科、救急の各学会と連携を図りながら教育プログラムづくりを行っています。厚労省の方とも直接意見交換をしながら、制度整備についての具体的な話を進めています。

時代の流れ、人の流れが、これまでずっと考えていた方向に少しずつ向かっている手応えを感じています。これはとてもありがたいことだと思います。

ひとが診たくて、この道を選びました。

ひとを診る家庭医療に出会い、その礎を築くために走り続けてきました。いまようやく、それが根付きつつあるという実感があります。

ここまでの道は決して平坦なものではありませんでした。理想主義だと鼻で笑われ、行く先々で白い目で見られ、批判を浴び続けてきました。組織内部のごたごたもありました。それでも、そのたびに仲間たちみんなで乗り切ってきました。いい仲間に恵まれた、これは大きな財産です。一緒に悩み、一緒に汗をかき、そして道が拓けました。仲間のみんなに、感謝したいと思います。

草場鉄周のココがはんかくさい

信念の人である。

大学卒業後の進路選択にあたっては、医局に留まるのではなく、まだ未知数だった家庭医になる道を選んだ。

医療界ではなかなか市民権が得られず、いわれのない批判も受けた。

未完成の教育体制に愛想を尽かしてセンターを去る同僚もいた。

所長交代劇、理事長の解任。いくつもの危機に見舞われた。

どんなときも、自らの保身より家庭医療の普及のための選択をし、それに身を投じてきた。

ぶれずに、惑わずに。

草場さんは言う。「自分の中では終始、一貫してきたつもりです。だから、いつも充実感を持って仕事に臨むことができた」と。

草場鉄周　Kusaba Tesshu　178

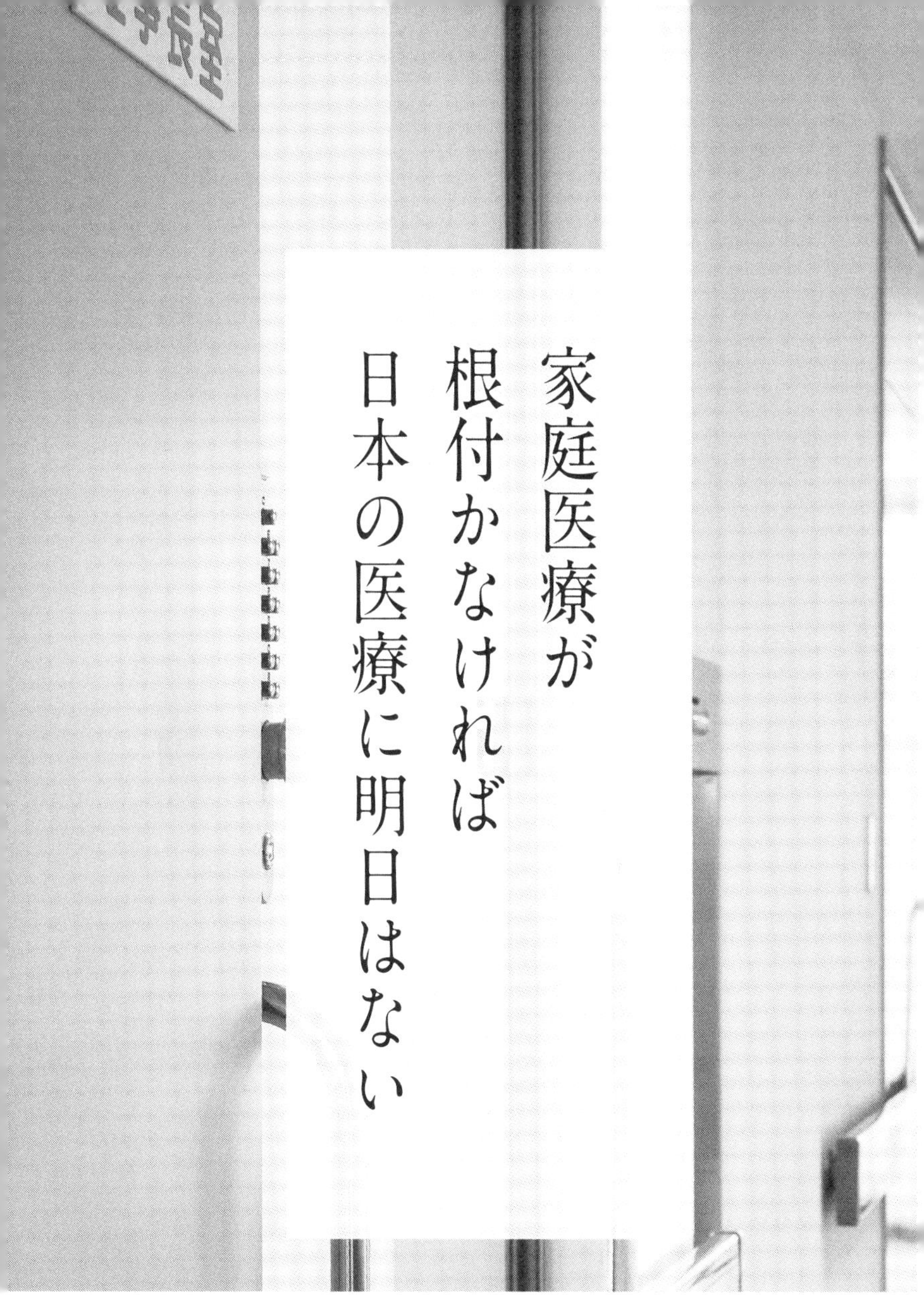

家庭医療が
根付かなければ
日本の医療に明日はない

樋口泰三

Higuchi Yasuzo

180

30年履ける靴をつくる

トントンタンタントントンタンタントン。
古いビルの一室に、小気味よいハンマーの音が響く。
イタリア・フィレンツェのふらり訪れた小さな工房、
そこで靴づくりを見たことがきっかけで靴職人の道へ。
1カ月もの時間をかけてつくられるその1足は
大量生産の時代の影で、鈍く静かに輝きを放つ。

樋口泰三　Higuchi Yasuzo

手作り靴工房　cagra(カグラ)　靴職人

1971年北海道札幌市生まれ。小学生から高校を卒業するまでサッカーを続け、卒業後はスポーツ用品メーカーに就職。ものづくりの世界に憧れ、98年に会社を辞める。01年から3年間、山口千尋氏が運営する靴の専門学校で靴づくりを勉強。その後、イギリスの職人仲間を訪ね、半年間現地で靴づくりを経験。05年に帰国してからは開業準備を進め、07年7月に「cagra（カグラ）」を立ち上げる。cagraの名前は「靴蔵」から。http://www.k5.dion.ne.jp/~cagra/

靴づくりの完成形

ハンドソーンウェルテッドというイギリスの伝統的な製法で靴をつくっています。曲がった針を使ってアッパー（甲革）とインソール（中底）、それにウェルト（押縁）を手で縫い付けるのが、ハンドソーンウェルテッドの特徴です。デザインを起こすところから仕上げまで200ぐらいの工程があるといわれ、ほぼ手作業で行います。

ハンドソーンウェルテッドは機械化ができません。

よく似た名前にグッドイヤーウェルテッド製法というアメリカ生まれの方法があります。これは、ハンドソーンウェルテッドでは手作業で行うすくい縫いを、リブと呼ばれるテープを使い機械で縫い付ける方法です。ただ、こうすることでハンドソーンウェルテッドの〝いい部分〟を100％否定してしまうんですね。似て非なる製法。自分はそう考えています。

ハンドソーンウェルテッドは突き詰めれば突き詰めるほど、長く履くための靴をつくるのに理に適った製法であると実感します。構造的なことはもちろんですが、〝手でつくるから手で直すことができる〟というのは大きなメリットです。だってそこに職人さえいれば直せるわけですから。機械でつくった場合は、その機械自体がなくなってしまえば修理も困難なものとなります。

何のための製法かをきちんと理解していることが前提ではありますが、手で縫う良さはほかにも挙げられます。靴に使う革は動物の皮革ですから一つひとつ違います。生地そのものをきちんと吟味することはもちろんですが、手で縫うことで革の個性に合わせて縫い方を調整したり、細部まで気を配ることができます。

細かいことでは、糊を極力使わなくて済む。糊を使うとパーツ同士がガチッと固まってしまうところを、糸だけで縫えば動いてくれるんで、結果

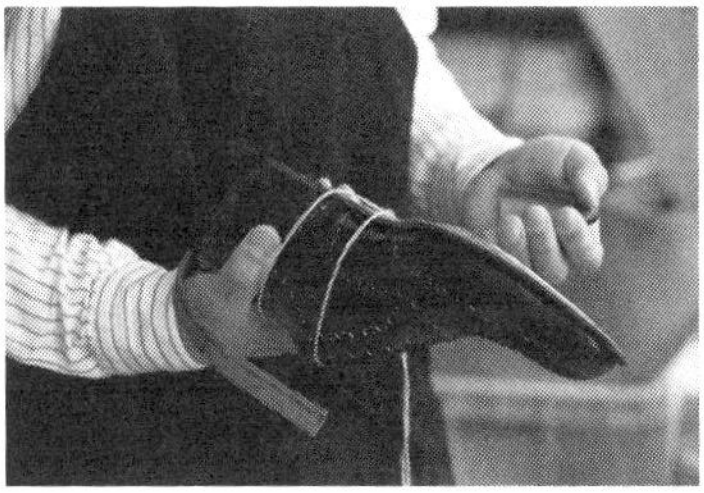

として靴の「返り」がよくなったりとか、優れた点が多いんです。

お客さんにとってもメリットは大きいですよね。ビスポークシューズ（オーダー靴）の場合、サイズもデザインも望んだものを手にすることができる。だから日頃から大事に使ってくれるし、手入れも怠らない。こういう靴は修理を繰り返すことで本当に長く使えます。30年ぐらい使う人もいます。

きちんと手入れしながら長く履くと、味わい深いつやが出たり、その人なりの履き皺が現れたり、育ち方も変わってくるものです。

納品して数年後にお客さんのもとから靴が修理のために戻ってくることがありますが、僕はそれを〝里帰り〟と呼んでいます。自分の手を離れた靴がどんなふうに育ったのかを見るのは楽しいものです。帰ってきた靴はいろいろなことを教えて

くれます。革の選び方はどうだったのか、縫い方はどうだったか。材料面でも、構造面でも、今後つくる上での改善点を教えてくれます。靴を修理しながらそういった部分の修正も加えて、お客さんのもとにまた靴を送り出すんです。

ものに向き合う仕事がしたい

「ｃａｇｒａ（カグラ）」を開業したのは２００７年、35歳のときです。前職はスポーツ用品の問屋兼メーカーにいました。

小さい頃からサッカー選手になりたくて、学生の頃はサッカー漬けの毎日でした。当時はまだJリーグ発足前のＪＳＬ時代で、北海道にはクラブチームがなく、どうしたらなれるのかも分かりませんでした。とりあえずスポーツ関係の仕事に就けば少し近づくような気がして、そんなバカな理由でメーカーに就職したんです。一応、営業マンという肩書きですけど、小さな営業所だったために経理以外の仕事は何でもやりました。倉庫内での在庫管理から販売まで、本当にいろいろです。扱う商品もピンポン球からサッカーゴールまでさまざまでした。サッカー関連では外国製のスパイクも取り扱っていました。

就職して10年も経たない頃だったと思います。バブルが弾け、景気がどんどん悪くなり、商品が売れなくなっていました。大量に仕入れて大量に返品することの繰り返し。業績が悪化して周囲の人間が辞めさせられていくのを見ていると、どんなにいま成績を出していたとしてもいずれ肩をたたかれる可能性がある。それならいっそ、自分で何かやりたい、そう思うようになりました。

長く勤めるうちにだんだん感覚がマヒして、段ボールに入ったスポーツ用品が単なる〝商品〟でしかなくなってくる。そういう感覚もいやでした。もっときちんと〝もの〟に向き合う仕事がしたい、自分の手を使って〝もの〟をつくる仕事がしたい。当時の仕事とは180度違うこと、職人への憧れが日に日に強くなり、会社を辞めました。

日下功二さん（鞄職人。「日下公司」代表）の存在も大きかったですね。

自分で最初から最後までものをつくって売る人が身近にいることを新聞を読んで知り、あるとき直接会いに行きました。実は、雇ってもらえないかという淡い期待もありました。

けれども会って話をする中で、それは断念しました。いま考えれば、まだまだサラリーマンの感覚が抜けきっていなかったんですね。お金はいらないから修業したい、そういう考えすら頭にありませんでした。素人には当然作業を任せられないし、かえって足手まといになるだけ。個人の工房で人を抱えることの難しさを考えてもいなかったんです。

日下さんの工房以外にも、いろいろな鞄工房を見学しました。

あるとき小樽の鞄屋さんを訪ねたところ、神奈川にある本社の社長にかけあってくれて、半年後に神奈川の工房で雇ってもらえることになりました。

靴が手でつくれるという衝撃

就職先も決まり時間ができたので、いまのうちに本場を見に行こうと思い立ち、1カ月ぐらいヨーロッパを旅行しました。

革製品といえばイタリアだと思い、フィレンツェに滞在して革小物の工場へ毎日のように見学に行きました。

旅行も明日で最後という日、街を歩いていたら小さな靴屋を見つけました。靴も同じ革製品なので興味が湧いて中に入ると、木型や靴箱、つくりかけの靴が積み上がった狭い工房の中で、おじいさんが一人背中を丸めて靴をつくっていたんです。僕はイタリア語なんてできなかったけど、知っている単語をかき集めて作業を見せてほしいとお願いし、おじいさんの隣で作業を見学しました。

アッパーを木型に沿って吊り込む作業の真っ最中でした。ワニと呼ばれる特殊なペンチを使って革を木型に沿わせ、ハンマーで釘を打ち付ける。平面だった革は、みるみるうちに立体的な靴の形になっていきました。

すべてが衝撃でした。鞄や小物は簡単なものであればつくり方を理解したつもりでいました。精度は別として、これなら自分にもできそうだという気さえしていました。

だけど靴づくりは自分の理解を超えていました。それまで革はデリケートなもので、水に漬けちゃだめだと思っていたんですけど、ジャブジャブ水に漬けるし、ハンマーでガンガン叩くし。とにかく驚きの連続でした。


何時間そこにいたのか、はっきりとは覚えていません。ただ、すっかり靴づくりに心が奪われた自分がいました。だけど日本に帰れば鞄工房に勤めることは決まっていたので、それは楽しい旅の思い出として、日本に戻りました。

帰国した足でそのまま神奈川の会社に行くと、社長が工房や町並みを案内してくれました。ところが話をするうちに、会社の業績が悪く、雇うのを少し先延ばしてほしいと打ち明けられたんです。「そのうちに」ということではありましたが、結局その話は延び延びになり、立ち消えになってしまいました。

一生飽きない職選び

スポーツ用品の会社を辞めたとき、今度は一生やれる仕事をしようと思いました。けっこう飽きっぽいタイプなので、飽きちゃうようなものに手を出したらだめだな、と。そういう意味で鞄職人をめざしたわけですが、それ以上にフィレンツェで見た靴づくりの作業は自分には理解できないことだらけで、「これなら一生やっても飽きることはない。職人としての終わりがないだろう」そう思いました。

当時は札幌にも職人さんが5～6人いたと思います。ただみなさん、70代、80代の方ばかり。訪ねていくと口々に、もうオーダー靴を買う人もいない、つくる靴なんてない、店を畳もうと思っていると嘆きました。でも、諦めきれませんでした。

今後どうしようかと焦りも出てきたあるとき、本屋でたまたま雑誌をめくっていたら、東京でオーダー靴をつくっている山口千尋さん（靴職人。「Ｇｕｉｌｄ（ギルド）」代表）の記事を見つけました。記事によると後進を育てるために靴教室を始めると書いてある。絶対にこれだと思って、入校を申し込みました。

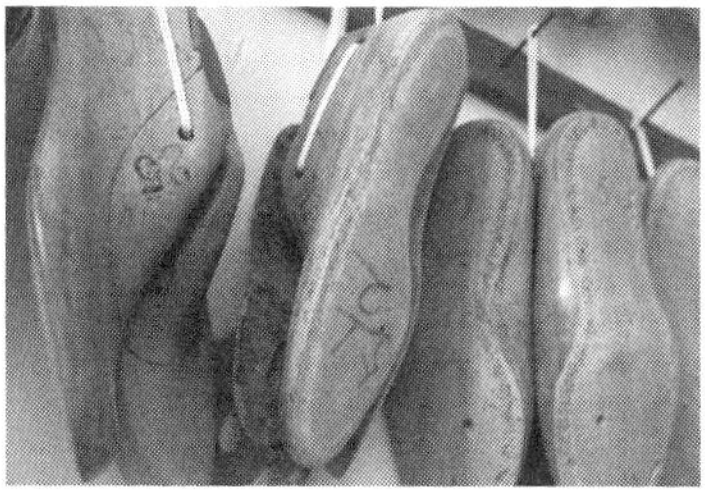

学校に通うために上京したのは、ちょうど30歳になる年だったと思います。
ここで教わったのがハンドソーンウェルテッドの製法でした。フィレンツェで見た、あのつくり方です。靴づくりの世界は知れば知るほど奥が深く、毎日が刺激的でした。

生活は決して楽じゃなかったですよ。当時は新聞配達の仕事をしながら学校に通ってました。朝の配達が終わったら学校に行き、夕方からは集金と新聞勧誘の仕事。学校は週に2~3回だったので休みの日は自宅で靴をつくる、そういう生活を続けました。ラッキーだったのは遊ぶ時間がなかったことですね。だからあんまりお金を使わずに済んだ。授業料と生活費を除いたほとんどを、靴づくりの道具や材料を買うために充てられました。

3年目からはギルドで靴づくりの仕事もお手伝いさせてもらいました。とにかく経験を積みたかったので、ありがたかった。卒業後もそのまま少しの期間、ギルドで働きました。

札幌で靴屋を開業

札幌で店を持つことに対する不安はもちろんありました。東京に比べたらマーケットは格段に小さいし、雪が降る半年間は革底の靴は履けない。ビジネス的な観点からいえば、東京でやった方が可能性はあると思っていました。だけど札幌は自分の故郷だし、なにより日下さんの存在がすごく大きかった。日下さんは、この街で20万円、30万円のオーダー鞄で勝負している。こちらも同じ革製品だし、じゃんじゃんオーダーが来るとは思えないけど、ここまできたら一度トライしないことには始まらない。まずはやってみよう、と。

ひょっとしたら1カ月ぐらいで資金が底をついちゃうんじゃないかと心配もしました。でも、ここを開業する少し前に知り合いが靴を注文してくれて、ひとまずは開業してすぐにつくることができました。幸いその後も、知り合いの知り合いが訪ねてきてくれたり、お客さんがお客さんを呼んでくれて、いまもこうして靴をつくり続けることができています。

すべての作業を一人でやっているので、1足つくるのにだいたい1カ月ぐらいかかります。納品できる数は年間で10〜20足です。

フルオーダーで木型からつくった場合、1足目は25万円〜30万円ぐらい。もう少し価格を抑えたもので15万円ぐらい。決して安くはありません。

お客さまは、オーダー品の良さを十分に理解して来る方もいらっしゃいますし、サイズの合う靴がないためにうちに来る方もいらっしゃいます。大量生産のいまの世の中ではボリュームゾーンの商品ばかりが出回ることになり、足の小さい人、大きい人は悩みを抱えています。そうじゃなくても、0.5㎜刻みだったサイズが、1㎝単位になり、果てはS・M・Lになっている。サイズが合わない靴を無理に履いて足を痛めている人って結構多いんです。

靴をつくるとき、お客さんには最初に必ず工房に来てもらいます。足のサイ

ズを測り、どんな靴をお求めなのか、材料にはどんな革を使うのか、デザインはどうするかといったヒアリングを行います。実は自分の足のサイズがわかっていない方は数多くいらっしゃいます。靴と自分の関係をわかってもらうというのが、カウンセリングの最初の目的ですね。その結果、うちでつくらなくてもいいということもあります。予算が合わない場合には「これならあそこの靴屋で3～4万円で手に入りますよ」なんて、よその店を紹介することもあります。

中には、予算があっても靴に対する認識が違う方もいらっしゃいます。それでもいいからつくれと言われますが、納得してもらえないままつくり、お互いに後悔するということも、いくつか経験しました。靴屋としては履かない靴をつくるほど悲しいものはありません。

到達点がないから打ち込める

職人を目指してこの世界に入りました。でもふり返って考えてみると、自分は職人ではないのかなって思うこともあります。

自分にとっての職人のイメージといえば、同じことを繰り返しやって体に技術を染みこませている人のこと。靴屋であれば、つくることに徹して売るのは別の人がやる。職人は安定したものを数多くつくるために技を磨いて、その精度を追求する。

ハンドソーンウェルテッドは、かつて日本では小規模でも製甲職人と底付職人の二人でやるのが一般的だったそうです。製甲職人はデザインを描いたり、型紙を起こしてアッパー部分をつくる。底付職人はそれ以降の作業、吊り込みをやったり、底付作業を行う。二人一組でやっていたものが、

職人が減ったために一人でやる人が増えた。本当は二人の方が効率はいいし、それぞれの作業に対する技術向上も早いわけです。

とはいえ自分としては、カウンセリングから採寸、デザイン、木型製作、販売、修理まで、一人で一から十までやるというスタンスをとっています。ほかにやる人がいないというのもあるけど、一人なら最後まで責任が持てる。ミスがあっても他人のせいにはできない。良くも悪くも自分の責任です。

つくづくこの仕事は終わりがないと思います。先ほど、飽きないという言葉を使ったけど、本当にそう実感します。

靴をつくるための木型、これ実際にはプラスチック製がほとんどですけど、特にこの作業は奥深いですね。計測した数値通り正確に削った木型が合うとは限らないんです。話を聞き、そこで得たニュアンスを実際の数値に掛け合わせる。こればっかりは手作業じゃないとできない部分だと思います。

木型のことを英語でｌａｓｔ《ラスト》っていうんです。だけど、僕にとってこの作業には終わりがない。到達点はまだまだ先にある。だから靴づくりはやめられません。

北海道に根ざした靴をつくりたい

開業と同時に、靴づくりの教室も開きました。一つには経営の安定化というねらいもあったし、もう一つには自分のように靴づくりをやりたい人にとっての入口になればいいかなと思って。

僕が靴づくりの勉強を始めたとき、知っている限り少なくとも同じ時期に3人が北海道から東京に出て靴職人の修業をスタートしています。みんな仕事を辞めて人生をこれにかけていました。でもそのリスクってものすごく大きいですよね。せっかく靴づくりに興味を持ってもこれではハードルが高い。興味を持っている人に、まずは靴づくりとはどんなことなのかを見せてあげたい。最初のきっかけづくりができたらと思います。

生徒さんには1年ぐらいかけて1足の靴をつくってもらいます。

生徒さんはいろいろです。革が好きな人、ものづくりに興味がある人、靴関係の会社で働いていていてもっと靴のことが知りたくなった人、とにかく変わったものをつくりたい人……。

初めてここで靴づくりを経験し、その後も東京の靴学校に通って勉強を続けて札幌で店を始めた人もいます。最初は靴職人になりたいと思って通い始めたけど、商売ではなく趣味でつくり続けることにした人もいます。それはそれでいいと思います。

自分もそうでしたけど、靴づくりを商売としてやろうと踏ん切りをつけるのは難しいものです。仕事になるかどうかわからないから。自分がやってる姿を見せることで、少しでも考えるヒントになればいいかなと思って。

これはまだ夢物語ですが、靴づくりをしたい人が集まって小さな工場ができたらなぁって考えています。10人もいれば生産性が上がるので、コストも押さえられるでしょう。そこでは、いまやっているようなビスポークシューズばかりじゃなく、もっと北海道の産業に根ざした靴もつくりたい。

以前ワイナリーの方と話をしたときに、畑作業の合間に役所に行くことがあって、履き替える時間がないので、そういうときに使える靴はないかと尋ねられたことがありました。農作業に耐えられるほど丈夫で、しかも見栄えもする、価格もそれほど高くない、そういう靴、あったらいいですよね。

ほかにも、冬用のビシッとした靴とか、シェフが厨房で履く靴とか、漁業者が船の上で履く靴とか、ガーデナーが庭の手入れのときに履く靴とか。

そこに北海道らしさのある、ここだからこそ発信できる靴をつくれたら面白いですよね。

樋口泰三のココがはんかくさい

28歳のとき、ものづくりの仕事がしたいと思い立ち、10年間勤めていた会社を辞めた。

新聞配達のアルバイトをしてコツコツお金を貯めながら靴づくりを学び、35歳でようやく小さな工房を開いた。

進路という言葉がある。高校を出たら、大学を出たら、一生続けられる仕事を決めなくちゃいけないなんて、一体誰が決めたんだろう？　あらかじめサイズの決められた既成靴に、自分の生き方を合わせることが窮屈な人だって世の中にはいる。

やりたいことを見つけるのに年齢は関係ないのだ。

自分のサイズを知ることの大切さを、樋口さんは教えてくれる。

ジャストフィットな生き方、それこそが本当の豊かさだと思う。

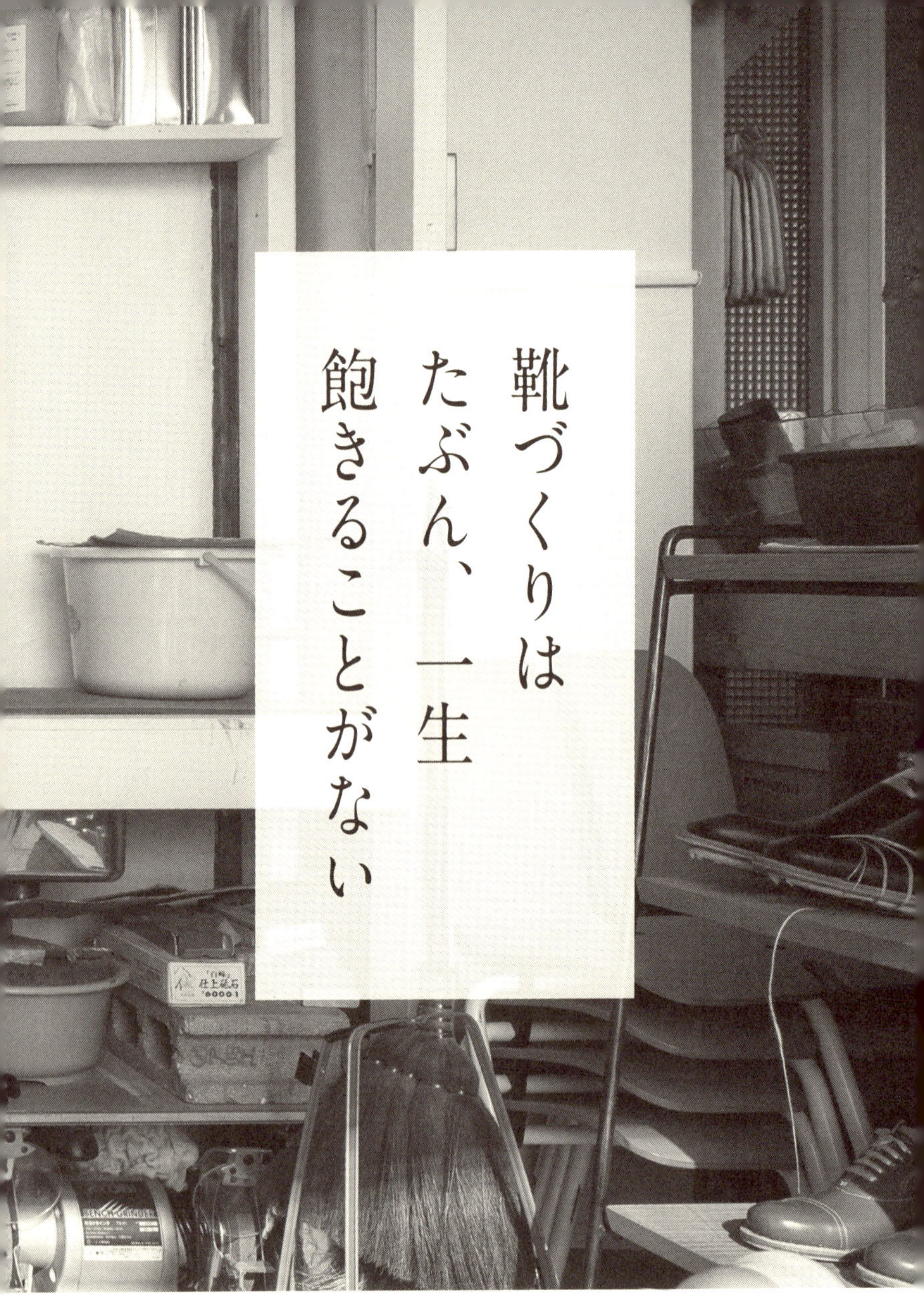

靴づくりは たぶん、一生 飽きることがない

塩谷隆治

Shioya Takaharu

204

しあわせの連鎖を引き起こしたい

絵本を朗読する丸刈りの男。
真剣なまなざしでそれに聞き入る大人たち。
塩谷隆治さんが各地で実施する絵本セラピーのひとコマだ。
教育現場の最前線でココロの問題に向き合った
元熱血体育教師は、日本の未来を変えるため
かっこいい大人を生み出す〝笑顔の改革〟に乗り出した。

塩谷隆治　Shioya Takaharu

笑華尊塾　代表

1972年北海道札幌市生まれ。弘前大学教育学部卒業。北海道の公立高校保健体育教師として15年間勤務する。11年3月31日退職。ココロの塾「笑華尊塾（しょうかそんじゅく）」を立ち上げる。現在は道内を中心に全国で講演・研修活動を行う。しあわせ連鎖プロデューサー、絵本セラピスト、魔法の質問認定講師・認定パートナー、ひきこもり支援相談士養成講師。ブログ「塩谷隆治の元氣アップ～ココロのサプリメント～」http://hanatarou358.blog115.fc2.com/

目の前にいる人を元気にしたい

私には大尊敬する先生が3人います。吉田松陰先生、森信三先生、鍵山秀三郎先生の3人です。その中でも〝ココロに火を灯す〟活動をした吉田松陰先生の松下村塾にならい、私も人のココロに火を灯すような場を創りたいと、笑華尊塾と名付けました。「笑」いながら、一人ひとりが「華」であることを忘れず、お互いを「尊」敬しあって学ぶ「塾」です。

笑華尊塾はココロの塾。家でも、職場でもない、参加者が本気で楽しく学ぶためのサードプレイスです。

塾といってもカタイ感じではなく、認定試験も何もない、ゆるい集まりの場です。当初は学校の教員と企業人をミックスして、一緒になって学ぶココロの場としてスタートしたんですが、現在はサラリーマン、経営者、専業主婦、学生……、いろんな人が来てくれています。学生向けの笑華尊塾、親子のための塾、ひきこもり・不登校の人のための塾、さまざまな人を対象に行っています。

笑華尊塾では、一つの手法として絵本セラピーを取り入れています。

絵本セラピーとは、絵本に心理学と自己啓発の要素をミックスさせて、自分のココロと向き合うためのワークです。絵本を使うことで物語や絵の美しさに引き込まれてピュアな気持ちになり、ココロに純粋に向かいやすくなる、そういった絵本が持つパワーを活用しています。

絵本は、特に大人が読むと、自分の心を投影して解釈するという面白い現象があるんですね。

たとえば、私が絵本セラピーでよく使う絵本に『りんごがたべたいねずみくん』という作品があります。

木になった赤いりんご、それを食べたい小さなねずみくん。そこへとりくんが飛んできて一つ食

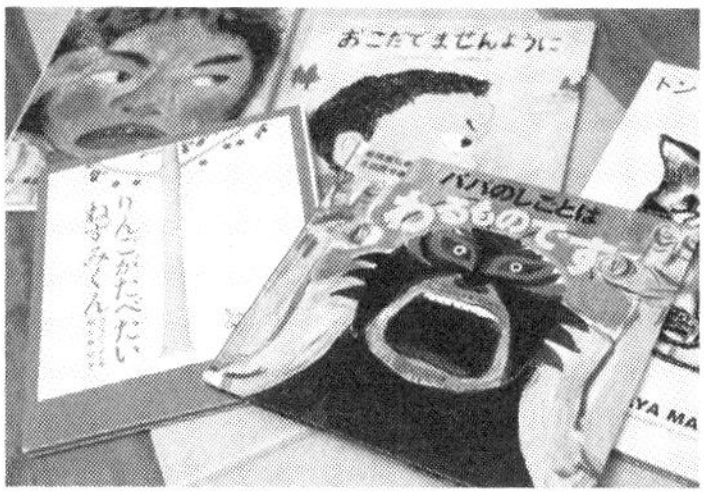

べる。「ぼくにも　つばさが　あったらなあ」とねずみくんは思います。さるくんがやってきて木に登り、一つ食べる。ぞうくんがやってきてまた一つ食べる。きりんくん、カンガルーさん、さいくんも一つ食べる。最後にあしかくんがやってくる。あしかくんはとりくんのように飛ぶことも、さるくんのように木に登ることもできない。けれどもあしかくんは「とくいなことがある」と言って、鼻の頭にねずみくんをのせ、木の上に乗せてあげる。あしかくんとねずみくんは、こうしてりんごを手に入れるというお話です。

これを読んだある男性管理職の方は、「ねずみは何にもしないで人に頼ってばかりだ」と解釈し、一方で子供を持つ女性は「最後にあしかくんに助けてもらってとても心が温まりました」と、まったく別の解釈をしたんですね。聞けば男性管理職の方には頼りがいのない部下がいて、それが悩みの種だったそうです。絵本は自分のココロを映す鏡なんです。

解釈の仕方それ自体に不正解はありません。ワークの中でも、何かひとつの解釈に導こうということはしません。参加者みんなにそれぞれの感想を書いてもらってグループで発表する。考えをシェアすることを通して、自分はこう解釈したけど、自分とは違う考え方もあるんだな、そういう視点もあるんだなというのを感じながらワークを進める。簡単に言うと、これが絵本セラピーです。問いかけの手段として絵本を使うんですね。

いまの世の中、大人が疲れ切っています。自分のことを好きじゃない人が多くいて、傷つき悩んでいます。大人こそ、元気アップが必要です。

絵本の力を借りて自分のココロと向き合い、気づき、発見する。たとえば自分と仲良くする方法を。そうして大人たちが輝きを取り戻す。輝く大人が増えれば、そんな姿を見た子どもたちが「あぁ、あんな大人になりたいな」と思います。そうすれば世の中はずっとずっとよくなっていく。笑華尊塾はそのための活動なんです。

やんちゃな高校生たちと本気で向き合う

15年間、高校の体育教師をしていました。

訓子府《くんねっぷ》の学校で4年間、次に岩内《いわない》で10年間、最後に札幌で1年間。15年のうち10年は担任をやらせていただきました。大好きな野球部の監督も経験させていただきました。

もともと高校野球の監督になりたくて選んだ道でした。大学時代は体育科ですから、先輩たちにもまれ、野球部でももまれ、鍛えられて、鍛えられて教員になりました。

最初に赴任した学校は教育困難校といわれるような、ちょっとやんちゃな生徒たちが集まる学校でした。

赴任初日、校長から「待っていたよ。キミが来るのを。うち、荒れてるからガンガンやって」と言われました。こっちも「高校生、ナメんなよ」ぐらいの感覚でいったんですが、それが大失敗の始まりだったんです。

職員室に行くと、スカート丈の短いルーズソックスの女子生徒がいて、壁を蹴っ飛ばしたんですね。それを注意すると、「話しかけんな！」と言われました。もう一人、教員のイスにふんぞり返って書類をパラパラ見ている生徒がいました。私が注意すると、「キモいんだ、近づくな！」ですよ。

私の教員生活は「話しかけんな！」「キモいんだ、近づくな！」、この二つの言葉からスタートしました。


それからは闘いの毎日でした。

私も大学を出たばかりで気負っていた部分もありました。「おまえら、オレの言うことを聞け」「オレが正しいんだ！　変えろよ、その考え、その行動を」。そうやって生徒たちを威圧的に指導していました。

3年生の女子生徒からは「あんた1年目でしょ。うちら3年目」と言われました。男子生徒から深夜2時ぐらいに「てめえが塩谷か。ぶっ殺すぞ」という嫌がらせの電話が掛かってきたこともありました。

当時、生徒指導部長からは「いいか、しお。生徒と信頼関係が作れなかったら何をやってもダメだぞ」と言われました。

自分もギリギリの状態でした。あるとき生徒から円形脱毛症を指摘されました。数年後に萎縮性脱毛症と診断されるわけですが、当時はそれにも構っていられないほど闘っていました。毎日のように親御さんと面会しました。生徒指導部会も飽きるほど繰り返しました。

当時23歳の私は、まだまだ未熟でした。体育教師がナメられちゃいけないと必死でした。もがきました。もがき続けました。

そのうちに、教員の世界の勉強をしているだけでは自分は足りないのではないか、と考えるようになりました。それで、本の中に答えを求めるようになりました。読んだのは主に自己啓発や心理

学の本でした。

本による学びを進めるうち、生徒たちを変える前に、生徒たちを威圧でもって指導していた私自身が変わらなければいけないということに気づきました。意識が変われば行動が変わります。その後、少しずつ生徒との信頼関係が生まれていくのがわかりました。


訓子府の次は岩内の高校に赴任しました。赴任当時、27歳だったと思います。岩内時代は1年間副担任をやったあと、7年連続で担任をやらせてもらいました。担任の間は毎日欠かさず学級通信を出しました。訓子府時代は自分のモチベーションアップのために本を読んでいましたが、岩内の高校では本で得た学びを学級通信で発信するという形で活用しました。そのうちに本を読むだけではなく企業人や経営者が参加する勉強会にも参加するようになりました。当時、教員がそういう場に参加するというのはけっこう珍しかったと思います。

勉強会はだいたい札幌で行われるので、週末ごとに野球部の練習試合の合間をぬって岩内と札幌の間を往復しました。岩内の自宅に帰ってくるのは夜の11時、12時ということもよくありました。ハードではありましたが、自分自身楽しんでいたというのはありますね。

学びを深めるうちに、だんだん自分の中に独立したいという気持ちが湧いてきました。これからはココロの時代である、と。生徒も保護者も教員も、ココロをいい状態にしないと、ずるずると負の連鎖に飲み込まれてしまいます。負の連鎖を断ち切るためには、これまでの教育とは違う角度からココロを問い直す必要がある。教育の世界は狭く、とても閉鎖的です。だから教育の世界の外側に身を置き、外から教育現場に風を起こしたいと思ったんです。

札幌は教員としての最後の赴任地だと決めていました。札幌の高校で5年ぐらい教壇に立ち、それから独立しようと考えていました。ですが、札幌で1年やっているうちに、もう、自分を抑えきれなくなっちゃったんですね。そのとき私は38歳、体力・気力が一番充実しているときに勝負をかけたい。独立への思いはどんどん加速しました。

独立。そして東京での修業

「教師を辞めて、独立したい」。

妻に相談すると、あっさりと妻は「いいよ」と言いました。こうなることを薄々感づいていたんでしょうね。でも、そのあと、「私の人生はどうなっちゃうの？」と寝込んでしまいました。無理もないですよ。妻は専業主婦。子どもが二人います。夫は教員という安定した職業を手放し、どうなるかもわからないことを始めようとしている。妻の実家も、私の父も大反対しました。もともと小学校の教員である父からは「おまえ、頭がおかしくなったんじゃないのか」とまで言われました。

家族がこういう反応を示すであろうことは、実は最初からわかっていました。

何かを始めようとするときには、一番身近な人から抵抗がくる。すべて本に書いてあるとおりです。想定の範囲内だったんですね。もちろん、この愛する人たちに自分の活動を認めてもらいたいという思いがあります。そのためにはなんとしてでも自分のやりたいことを形にしなければなりません。決意は固まりました。

２０１１年３月31日、私は15年間の教員生活を終えます。

そして自分の学びを深めるため、東京と山形へ修業に出ました。教員時代に出会ったマツダミヒロ先生の魔法の質問をもっと勉強したい、認定講師の資格を取りたいと思っていたんですね。

東京では朝活をはじめ、いろんな勉強会に出まくりました。あるとき魔法の質問の勉強会に参加すると、私の目の前に絵本セラピーを考案した岡田達信さん、たっちゃんと呼ばせてもらっていますが、たっちゃんが座ったんです。

たっちゃんはそのワークの中で『りんごがたべたいねずみくん』を読みなが

ら、絵本セラピーのことを教えてくれました。その場でめちゃめちゃ刺激を受けて、絵本セラピーも学びたいと思ったんですね。

2035年のために、今日できること

現在は魔法の質問や絵本セラピーのメソッドを活用しながら講演・研修をしています。「教育」と「元氣アップ」をテーマに、日本中、世界中に「しあわせを連鎖させる」ことを使命として活動しています。

私には夢があります。

現在、精神疾患で悩む患者さんは国内に323万人いるといわれており、がん、脳卒中、

急性心筋梗塞、糖尿病と並び、5大疾病の一つに数えられています。私は2035年までに精神疾患が5大疾病の中から消えることをイメージしています。それから、現在不登校の子どもたちが70万人います。これを2035年までに0にしたい。そして、年間3万人といわれる自殺者を2035年には0にしたい。さらに、2035年に小中高校生にアンケートを行い、「あなたの周りに尊敬できる大人はいますか?」という質問をしたときに、「はい。います」と全員が書けるようにしたい。90%でも、99%でもなく、100%の子どもが自信を持って「はい」と答える世の中にしたいんです。親でもいいし、教師でもいい、近所のおじさんでもいい。身近に必ずかっこいい大人がいる、子どもたちはその人のようになりたいと本気で生きる。そうしたら日本は間違いなくいい方向に前進すると思うんです。

そのために、今日一日をどう過ごすか。

日本の未来のために、自分は何ができるのか。

それを常にココロに問いかけて、生きていきたいですね。

塩谷隆治のココがはんかくさい

大学出たての熱血教師は生徒に正面からぶつかり、自分の限界を知った。教育現場の外に答えを求め、勉強会に参加した。そうして導いた答えは、教育を変えるために教師を辞めるという選択だった。不安がなかったといえばウソになる。でも自分のココロにウソをついてまで安定にしがみつくより、ココロが指し示す方向に従った。

塩谷さんのすごさは、素直レベルの高さにあるように思う。素直であるがゆえに生徒と衝突し、その素直さでもって学びを深め、ココロの声に素直に従って第二の人生へと舵を切った。

小さなさざ波や逆風ではぶれない。素直の力は強い。

さて、そんな塩谷さんお薦めの一冊が『パパのしごとはわるものです』という絵本。子を持つパパさんはぜひ手に取ってみてほしい。

塩谷隆治　Shioya Takaharu　**220**

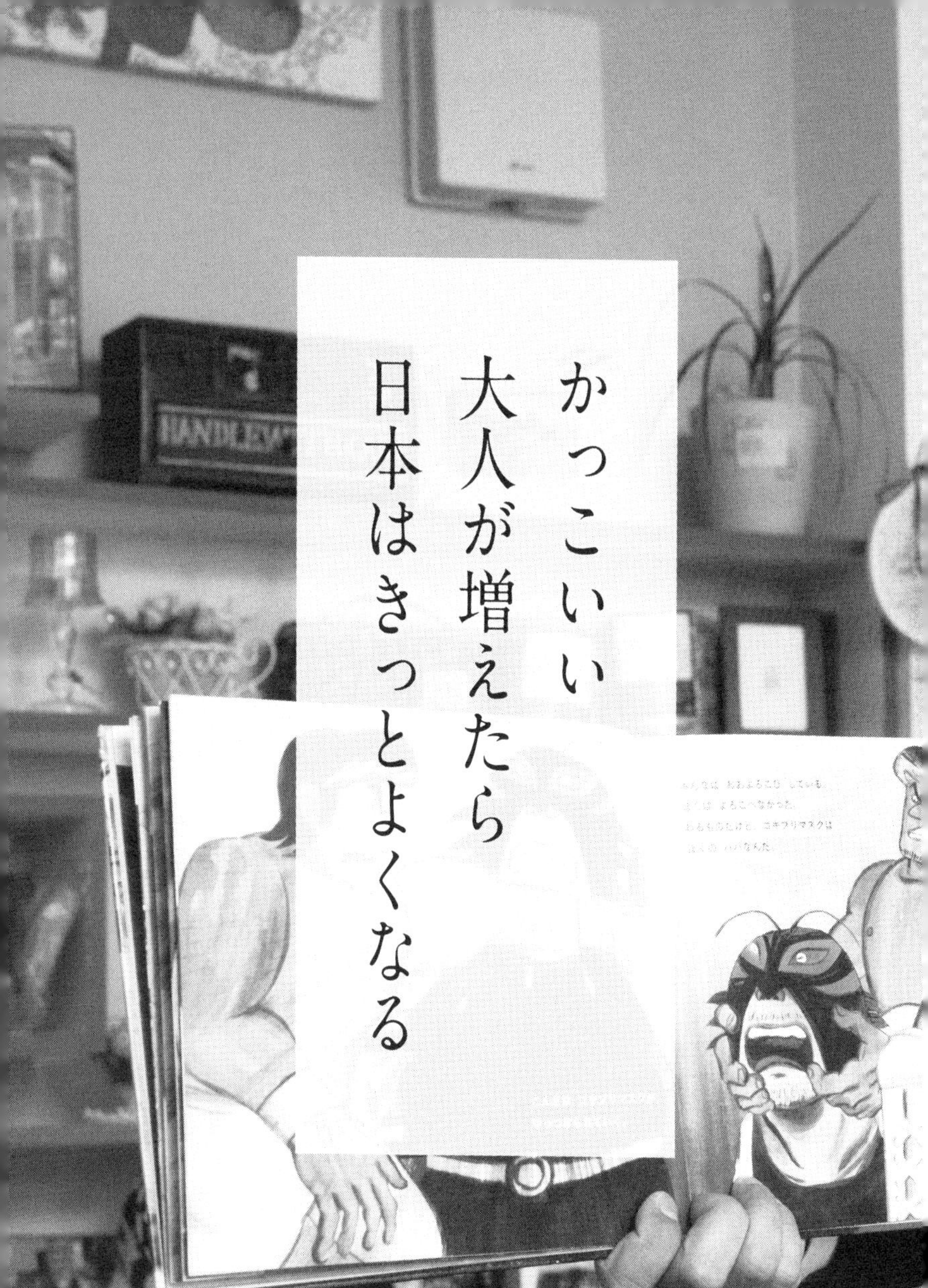

かっこいい大人が増えたら日本はきっとよくなる

221 愛しのはんかくさい人物語

徳永善也

Tokunaga Yoshinari

三代目として
いまを生き抜く

かつてはどの地域にも必ず1軒あったお米屋さん。
その存在はいま、スーパーや大型量販店に取って代わり
街場のお米屋さんを見かけることは少なくなった。
「安さ」「早さ」「便利さ」が求められる時代にあって
「価値」を掘り下げ、消費者に届けることで
生き残りをかけるお米屋さんがいる。

徳永善也　Tokunaga Yoshinari
株式会社千野米穀店　代表取締役

1963年北海道札幌市生まれ。小樽商科大学短期大学部を卒業後、食品総合卸の株式会社スハラ食品に入社。営業職を5年間経験する。91年千野米穀店入社。96年よりアレルギー治療用米の研究に参加。00年代表取締役就任。10年10月大丸札幌店オープン。贈答品としての米という新しい価値創造にチャレンジする。日本小児アレルギー学会会員。有限会社みんなの食品 代表取締役。五ツ星お米マイスター。雑穀エキスパート。http://chino-grain.co.jp/

旅が、私の原点

創業は昭和14（1939）年。創業者である祖父・千野善松から数えて、私で三代目になります。記憶にないぐらい幼い頃は「米屋を継ぐ」と言って周りを喜ばせていたそうですが、大きくなるにつれて男の子なら誰でも抱く親への反発心もあり、十代のときは米屋を継ぐ気は少しもありませんでした。

大学は小樽商科大学短期大学部（現・夜間主コース）に進みました。通い始めて1年ぐらい経った頃、青春時代特有の悩みというか、もやもやするものがあって旅に出ちゃうんですね。8カ月かけて自転車で西表島まで行きました。日本を縦断しながら途中長野の北アルプスの山小屋や、熊本でコンクリート工などのアルバイトをして資金を稼ぎ、なんとか食いつなぎながら旅を続けました。帰りは鹿児島から札幌まで、鈍行列車だけを乗り継いで戻ってきました。

一度旅に出るとクセになるもの。帰ってすぐにまた、旅に出たくなりました。どこでも泊まれる、どこでも生きられるという自信だけはついていたんです。それで、『地球の歩き方』を抱えて、今度は中国に渡りました。泊まるところも決めず、見つけたドミトリーでほかのバックパッカーと一緒の部屋で寝る。行き先は風が吹くまま。列車とバスを乗り継いで3カ月間、中国各地を巡りました。チベットや新疆ウイグル自治区、モンゴルにも行きました。

都合1年間、19歳・20歳のときに経験したこの二つの旅は、いまでも私のベースになっているような気がします。ことの運び方、運の使い方、目に見えないものに対する対処法、私を突き動かすもの、すべてがそこにある。私にとっての原点なんです。

帰国すると、周囲はすっかり就職モードに入っていました。

就職のことは全く頭になく、なんの準備もしていなかったので、どうしたものかと考えあぐねていると、ある友だちが1週間後にアルバイト先の就職試験を受けるつもりだという。「そうなんだ！　じゃあ、僕も受ける」と言って、彼から会社の電話番号を教えてもらい、同じ会社の就職試験を受けることにしました。海外から戻ってきたばかりだからものすごくアグレッシブになっていたんですね。面接試験では、それが面接であることを忘れてずっと旅の話をしていました。会社の方もなぜかそれを気に入ってくれて、晴れて入社が決まりました。スハラ食品という、お酒と食品の卸の会社です。

スハラ食品では営業の仕事を5年間しました。釧路で2年、後半は小樽で3年。大手量販店や酒類・食品の小売店などのお客さまに商品の提案をする仕事です。

旅を経験したことでとにかくアグレッシブになっていますから、入社1年目から東京の商品展示会に自費で行ったり、得意先がコンビニを始めるというので先行事例を研究してアドバイスをしたり、とにかく楽しかったですね。

ですが、その頃からお酒の安売りが始まります。酒税法の改正で等級分類が廃止され、ウイスキーがものすごく値下がりしました。ディスカウントショップが一気に増え、既存店も軒並みお酒の安売り合戦を始めました。そんな状況を見ていて、業界の先行きに不安を覚えました。それで、スハラ食品を辞めて、うちの米屋で働こうと考えるようになりました。

そのことを創業者である祖父に言うと、歓迎してくれるどころか、「この世界は将来がないからおまえは戻ってくるな。戻ってきても払えるような給料はないぞ」と断られました。

それを拝み倒して説得し、半ば強引な形で千野米穀店に入社したんです。

1991年、28歳のときです。

窮地を救ったゆきひかり

実家で働き始めて2年目の1993年、未曾有の大冷害に見舞われました。米不足により、その年の秋から翌年にかけて市場は混乱。政府はタイやアメリカ、中国からお米を緊急輸入しました。いわゆる平成の米騒動です。市場の品薄感からお米の買い溜めをする動きが広がり、小売店から米が消えました。政府の指導でタイ米と国産米をブレンドして販売するということも行われました。

うちにもお客さんが殺到しました。娘が結婚したからなんとか米を売ってくれ、おたくのばあちゃんとは長いつきあいだからなんとかしてほしいと、泣きつかれたこともあります。

ところが、冷害の翌年は一転して豊作になることがわかると、買い溜めしていた業者が慌てて市場にお米を流し始めました。

市場に米がだぶつき、値崩れが起きました。混乱に乗じて一部の悪徳業者が輸入米と国産米を混ぜ「国産ブレンド米」と謳って問題になったり、産地偽装事件も相次いで起こるなど、さまざまな問題が重なって米屋の信用はガタ落ち。米屋に対する不信感から、スーパーでの安売りが始まるとお客さんはこぞってそちらに流れました。

うちもその流れに巻き込まれ、売上げはどんどん減り、ついには騒動前の半分ぐらいにまで落ち込んでしまいます。

精米作業もない。配達もない。何もすることのない日々が続きました。

売上げは減り続けるけど、手の打ちようもない、会社としてどこに向かったらいいのかわからない。仕方がないから暇に任せてお米の本を読んでいました。そのとき米アレルギーという言葉に出会ったんです。１９９５年の秋でした。子どもが生まれたばかりというのもあったんだと思います。

私の中で米アレルギーに対する関心が高まっていたあるとき、食物アレルギーの対応食品を専門的に取り扱うお店が目に留まり、店内を覗いてみました。アレルギー対応の加工食品やお菓子、調味料が並ぶ中、お米の棚には米アレルギーの症状を軽減するといわれる北海道米のゆきひかりが置いてありました。ところがお店の方に話を聞くと、それももうすぐ在庫がなくなるといいます。

ゆきひかりというのは１９８４年に育種開発された品種で、かつては北海道の主力品種の一つでしたが、きらら３９７が登場して大ブレイクするとその影で急速に生産量を減らしていきました。うちの店でも取扱量は激減し、当時はうちも在庫を持っていませんでした。ただ、藁にもすがりたい気持ちだった私は、さっそく知り合いの米屋に聞いて回り、ゆきひかりをかき集め、そのお店に納めました。

その後も、何度かゆきひかりを納品するうちに、米アレルギーの治療に取り組んでいた小児科医の長谷川浩さんとのご縁ができ、治療・研究に協力させてもらえないかとお願いしました。最初は「米屋の道楽にはつきあえない」なんて言っていた長谷川さんも、何度も足を運ぶうちに本気度が伝わって、中央農業試験場の柳原哲司さんを紹介していただきました。その後、米アレルギーの研究チームに加えていただき、原料供給やネットワークづくりのお手伝いをさせてもらいました。

米アレルギーの研究メンバーに入ったことで、結果的に二つのいいことがありました。

一つは、ゆきひかりの取扱による売上増です。研究に参加した1996年のゆきひかり取扱量は100俵でしたが、ゆきひかりが米アレルギーに効果があるという評判が高まると、徐々にゆきひかりの取扱量が増加していき、ピークの2004年には1000俵になりました。

もう一つのメリットは、長谷川さん、柳原さん、さらには後におぼろづきを手がけることになる育種研究者の安東郁男さんなど、この分野の第一線で活躍する専門家の先生と知り合えたことです。農薬のこと、肥料のこと、お米のおいしさを決める含有成分のこと。一介の米屋では知り得ないようないろいろなことを、同じ研究を進める中で、ときにはお酒を飲みながら、みっちりと教えてもらいました。

お客さんから「お米が黄色い」というクレームが入ったことがありました。私が電話で柳原さんや安東さんに話を聞くと、どうやらお米の保存方法に問題があることが分かり、その対処法まで丁寧に教えてもらいました。それを私からお客さんにかみ砕いて説明すると、お客さんも納得してくれて、「あんた米屋なのに学者さんみたいだねぇ」なんて言ってくれて、いい気になって。なにせバックには最強の家庭教師陣が付いていましたからね。

でも、そうやって顧客の信頼を得ることができたのは、とても大きかったと

思います。

生産者に会いに行くようになったのもこの頃からですね。アレルギーにはさまざまな要素が絡むので農薬や肥培管理についてもきちんと把握する必要がある。柳原さんと現地に行って聞き取り調査をし、使用する農薬の種類、量、頻度など生産者ごとにデータを取っていきました。

まだまだ、そこまで意識している生産者も少なかった時代です。私たちが行って、そうすることで意識を変えていった生産者もいます。そこでの繋がりというのは、品質向上のための関係性づくりに結びついていきました。

北海道米の応援団として

ゆきひかりで一つの成果を出しながらも、売上全体を押し上げるまでには至りませんでした。そこで、それまではずっと一般消費者を相手に商売をしてきましたが、業務用の販売も始めることになります。

自分には営業職時代の経験があるから、提案型の商売はむしろ得意とするところでした。お客さんが店に来るのを待つ商売ではなく、「こういう品種がありますよ」「このメニューにはこのお米を使ってはいかがでしょうか」と積極的に営業をかける売り方です。


営業先の一つに佐藤水産がありました。

佐藤水産といえば、北海道を代表する水産加工会社です。加工品のほか、おにぎりやお弁当も販売していますが、当時は新潟産コシヒカリを使用していました。そこで私は「なぜ地場の魚を使うことを標榜する会社が、北海道米をお使いにならないいんですか?」って聞いたんですね。生意気でしょ。

いまでこそ北海道米といえば「おいしいお米」として知られていますが、かつては「安くてまずい米」の代表格でした。北海道ではコシヒカリが育たないという地域的な要因もあるし、質より量が求められてきた時代背景もありました。その後、スーパーライス計画により品種の育種開発が進み、北海道にも良食味品種が続々と誕生することになりますが、一般消費者の理解を得るにはまだまだ相当な時間がかかりました。

私が佐藤水産に営業に行った当時というのは、北海道米の食率は4割に満たない時代です（食率＝道内におけるお米の消費量全体のうち北海道産が占める割合。現在は約9割）。佐藤水産が地元のお米を使っていなかったといって咎める理由はありません。むしろ、それが当たり前だったからです。

先ほどの問いに対して、佐藤水産の担当者は「北海道米はおいしくないからね」と答えました。「だったら、私たちにやらせてください。ただし、安く買いたたくのではなく、適正なお金を払ってください。そういう条件であれば、うちはきちんとしたお米を入れる自信があります」、そう言うと、「じゃあ試してみるか」と、チャンスを与えてくれました。

そのときに持っていったお米が「ほしのゆめ」です。

すぐに気に入っていただき、おかげさまで現在でも当店にお任せいただいています。

世の中ではお米の価格破壊が起きて、どんどん安いお米が出回っていました。値段を下げれば売れることは分かっていたし、そのカラクリも知っていたけど、うちは手を出しませんでした。信用・信頼というのはとてもはかないものだということを、1993年の騒動で痛感していたからです。信用は薄い紙切れのようなもので、何かあれば一瞬で吹き飛んでしまうし、一度失われてしまえば再び一枚一枚コツコツと積み上げるしかありません。農薬の使用状況や肥培管理を把握した生産履歴のクリアなお米だけを仕入れて、混ぜないで、きちんとお客さんに届ける。簡単には売上げに結びつかないけど、実直にそれを貫きました。

その結果、お客さんが爆発的に増えることはありませんでした。でも、うちを懇意にしてくださるお客さまとは深くつきあうことができました。

「千野さんのお米は違う」、みなさんそう言って買い続けてくださるんです。

私たち米屋はレストランのコックさんと同じです。おいしいお米を提供しなければお客さんに二度と来てはもらえません。

玄米を入荷する段階から精米して出荷するまで、お米にとって最もよい状態でお客さまにお届けする。たとえば精米一つとっても、時期によって米ぬかの削り具合を手のひらで確かめながらコンマ数ミリ単位で微調整します。

お米は生きものです。

生産者によって味が違う。肥培設計で味が違う。土壌によって味が違う。

いまでこそ、それは多くの人が知るところとなっていますが、当時はそんなことを気にする消費者もいなかったし、もっといえばほとんどの小売店

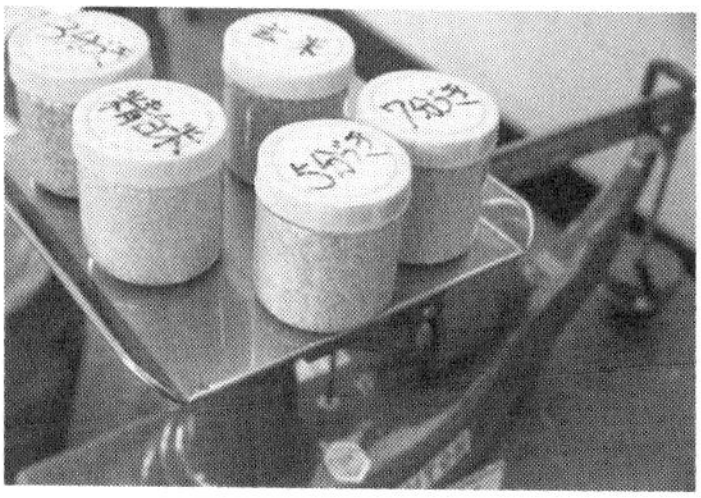

も生産者も知らなかったはずです。

私の場合は、ゆきひかり研究がベースとしてあるので、まずはそういったところから変えていきました。より質の高いお米を納めてもらうために契約農家と議論を交わし、ときには専門家にアドバイスを求めながら、一緒につくりあげてきた経緯があります。農家に対してお米の乾燥調整をコンマ数パーセントまで指定する米屋は当時なかったし、いまでも多くはないでしょう。きちんとした理論形成のもとでおいしいお米を届ける、それこそがうちの強みでもあるんです。

米屋だから、できること

食生活が多様になり、大型量販店が台頭したことによって、小売店を取り巻く状況はますます厳しいものがあります。そうした中で、米屋の新た

な価値を私なりに模索し続けてきました。

ここ数年は北海道米のおいしさを国内だけではなく海外にも伝えていきたいと、台湾や香港などへも売り込みに行っています。

台湾の高級デパートでは、日本米は現地米に比べて3~5倍、タイ米の10倍の値段で扱われていますが、それでも現地の富裕層を中心に引き合いが強く、おいしいといって喜んでいただいています。

私が渡航費をかけて海外のデパートで試食販売し全量売ったところで、収支としては毎回赤字です。それでも北海道農業の未来を考えたときに、北海道が今後自ら価格と生産のコントロールのイニシアティブをとるため、少しでも早く市場開拓を行うことが次に繋がる布石になる。そう信じてやっています。

2010年には、縁あって大丸札幌店の中に支店を出すことができました。大丸のお店では従来の5kg、10kg単位ではなく、2合、3合単位の少量パッケージでたくさんの種類を販売しています。

粘りが強く、味がはっきりとして食べ応えがあり、ごはんだけで十分に楽しめるお米。反対にあっさりとした味わいで、繊細なおかずの味を引き立てるお米。粘りが少なく、寿司酢に合わせやすく、手巻き寿司にぴったりなお米。料理やシチュエーションに合わせて、ワインを選ぶようにお米を選べたらきっと楽しいだろうな。大丸のお店は、そういった嗜好品としてのお米の価値提案ができるお店をめざしました。


お米には「嗜好品」としての側面の一方で、おいしいとかおいしくないという次元を超えた「食糧」としての側面もあると思います。どんなに飽食の時代といわれても、です。

たとえば災害時。街が被災し、道路が寸断され、流通が途絶えたとしても、お米は水と熱源さえ確保できれば食べることができます。そのとき私たち米屋は、一つの商店という枠を超えて、地域の食糧基地として機能することになる。いざ災害となったときにきちんとその社会的責務を全うすることができるよう、私たちは、日頃から炊き出し訓練を行っています。

振り返れば太平洋戦争があった1945年前後には、千野米穀店も地域の食糧物資の配給拠点としての役割を担っていました。時代は変わっても、地域の人に安心のできる食を、安定的にお届けするという使命に変わりはありません。

お米のおいしさを多くの人に伝え、幸せな食生活を創造すること。

これは、千野米穀店の会社理念です。
おいしさとともにつくる人の気持ちをお客さんに伝え、その先にある人びとの食生活を豊かなものにすること。
これからもそのために、がむしゃらに前進していきます。

徳永善也のココがはんかくさい

創業者である祖父に反対されても、米屋の道を選んだ。

売上げの目途は立たなくても、安く売ることを拒否した。

北海道米の販路を開くため赤字覚悟で海外へ米を持ち込んだ。

「自分の信念に従うと、なかなか利益が生み出せないんですよ」

そう言って徳永さんは笑う。

もちろんこれまでには失敗も数多く経験した。それでも臆することなく、歩みを続けてきた。原点は30年前の旅にある。

「いまでもときどき夢を見る」と徳永さんは言う。

見知らぬ土地に一人ポツンと取り残され、なんともいえない寂しさと、淡い期待感を抱いて立っている。そんな夢だそうだ。

それでも、前に進むことを選ぶ。旅に魅せられた人だから。

「命あるお米」を大切にお届けしたい

茨城県 大嶋康司の
北信州みゆき米
長野コシヒカリ
魚沼産
コシヒカリ
佐賀県
新潟・佐渡

おわりに

「御社に入ることで、私にとってどんなメリットがありますか？」

ある会社の採用面接で、学生からこんな質問が出たと聞いて驚いた。正直、この学生の感覚は就職氷河期のど真ん中にあった僕らの世代にはないし、おそらくさらに上の世代にもないだろう。面接でこう聞くのは会社に対して失礼だという感覚があるし、なによりメリットがどうこうなんて考えもしなかった。

僕らの学生時代よりこの学生の方がずっと大人だということもできる。たしかにいまは終身雇用なんて幻想に近く、自分の身を守るのは自分しかないという考え方はとても理解できる。僕がこの学生の父親なら、「しっかりした子に成長したなぁ」と目を細めるかもしれない。

……でも、やっぱり違和感が残る。

この本をつくることになったきっかけは、そんな違和感に端を発している。

当初は、出版元であるエイチエス株式会社の斉藤和則専務から職人を集めた本をつくりたいと提案をいただいた。打合せを重ねるうちにその枠が広がり、先の違和感を共有するなかで「はんかくさい」というキーワードが出てきた。そして斉藤専務とお互いの情報を出し合いながら、それぞれが思うはんかくさい人をリストアップしていった。条件としては、「北海道に軸足を置いて活動していること」「さまざまな職種から幅広く選定すること」「その仕事（活動）を趣味や副業ではなく生業としていること」「損得を仕事の価値基準として置いていないこと」といったところだろうか。

10人のうち7人は僕自身がこれまでに取材活動をするなかで出会い、いつかもう一度じっくりと話を聞きたいなぁと思っていた方たちだ。3人は斉藤専務の幅広いネットワークから、これぞというはんかくさい人を紹介いただいた。本当はもっともっと取り上げたかった人はいるし、実際そのつもりだったが、僕の筆の遅さが原因で（なにしろ最初の方を取材してから1年が経っていた）、10人というキリのよいところで断念し、本としてまとめあげることにした。

取材をお願いするに当たっては、いずれ本が出たときにバレちゃうんだから、「とても失礼な話ではあるんですけど、はんかくさい人を集めた本をつくりたいんです」と正直に打ち明けた。久しぶりに連絡を寄越したと思ったら開口一番に〝はんかくさい人に選ばれました〟と告げられて、嫌な顔をするだろうと思いきや、ほぼ全員が「はんかくさいなんて、まさに自分のことです」と快く取材を引き受けてくれたのだ。僕の無礼を快く受け止めてくださったみなさまにはこの場を借りて御礼申し上げます。

さて、10人の取材を通して気づいたことがある。

それは、僕という人間がとにかく「はんかくさい人が好き」という事実だ。

十人十色、その働き方、生き方にはそれぞれ惚れ惚れするものがあり、とにかくこの取材は毎回ワクワクしながら臨んだ。そのワクワクが本書を通してみなさんに伝われば幸いである。

そして、たぶんこれからも、はんかくさい人を求める人生が続くんだろうなぁと思うと、あぁ、この仕事を選んでラッキーだったと思わずにはいられないのだ。

長谷川　圭介

はんかくさい人たち

〈 著 者 〉
長谷川 圭介

ライター。1976年愛知県刈谷市生まれ。

映画監督になることを夢見てアルバイトをしながら映像制作活動をするが生活苦から挫折。ライターとして日銭を稼ぐうちに、いつしかそれが本業になる。現在も北海道を拠点に「北海道じゃらん」（株式会社リクルート北海道じゃらん）、「Cho-co-tto」（コープさっぽろちょこっと編集部）などの情報誌や書籍といったさまざまな媒体で記事の執筆を行い、料理人や生産者、職人などを多数取材。

構成担当として阿部由晴著『なでしこの父』、『フローリスト・ノート』（いずれもエイチエス）がある。

〈 著 書 〉
「ラーメンをつくる人の物語」エイチエス

【愛しのはんかくさい人物語】

初刷 ―― 二〇一四年九月二十五日
著者 ―― 長谷川圭介
発行者 ―― 斉藤隆幸
発行所 ―― エイチエス株式会社　HS Co., LTD.
064-0822
札幌市中央区北2条西20丁目1-12佐々木ビル
phone : 011.792.7130　fax : 011.613.3700
e-mail : info@hs-prj.jp　URL : www.hs-prj.jp
印刷・製本 ―― 中央精版印刷株式会社
乱丁・落丁はお取替えします。
©2014 Keisuke Hasegawa Printed in Japan
ISBN978-4-903707-52-5